Zielonka · Wortwörtlich leben

D1698591

Michael Zielonka

Wortwörtlich leben

Literarische Kurztexte zur Liturgie
von Karfreitag bis Dreifaltigkeit

echter

*Für Michael Brunen,
Anne Thillosen und Franz Grzeschniok,
als sie noch Kinder waren.*

CIP-Titelaufnahme der Deutschen Bibliothek

Zielonka, Michael:
Wortwörtlich leben : literarische Kurztexte zur Liturgie von Karfreitag
bis Dreifaltigkeit / Michael Zielonka. – Würzburg : Echter, 1990
   ISBN 3-429-01281-3

Mitglied der Verlagsgruppe »engagement«

© 1990 Echter Verlag Würzburg
Umschlag: Ernst Loew
Gesamtherstellung: Echter Würzburg
Fränkische Gesellschaftsdruckerei und Verlag GmbH
ISBN 3-429-01281-3

»Du wirst nicht anderes zu tun haben
als zu leben.«

NAZIM HIKMET

Inhalt

Das hättet ihr gern: Auferstehen, ohne gestorben zu sein

Zur Thematik des Karfreitags, der Begräbnisfeier, des Allerseelen- und des Volkstrauertages

Das Leben ist bloß das drittschwerste,
die Liebe das zweitschönste.
Es ist nicht notwendig, aufgeregt zu sein.
Dennoch: Wir leben nicht gern;
        wir sterben nicht gern.
Weil wir nicht gern leben, sterben wir nicht gern.

Manche Menschen indes sterben nicht,
vielmehr gehen sie bloß tot.

Sich des Lebens freuen und den Tod nicht fürchten, das
wäre es eigentlich. Wir aber haben keine Freude am Leben,
leben schlechtgelaunt dahin und haben trotzdem Angst
vor dem Tod.

Nicht trotzdem, sondern deswegen haben wir Angst vor
dem Tod.

Gewidmet den Christen, die auferstehen wollen, ohne vorher gestorben zu sein.

Ich kann Ostern nur feiern, wenn ich zuvor den Karfreitag gefeiert habe. Ich kann der Auferstehung nur glauben, wenn ich zuvor meinem Tod geglaubt habe. Wenn wir aber den Leichen, wie in den USA, das Blut abzapfen und sie geschminkt auf ein Sofa setzen, ihnen die Pfeife in den Mund stecken oder Dauerwellen legen lassen, dann glauben wir nicht an den Tod, dann überspringen wir den Karfreitag.

Je mehr ich aber meinem eigenen Tod traue, an ihn glaube, ihn als zu mir gehörig zu lieben versuche, desto stärker wird mein Glaube sein, daß es Auferstehung geben muß.

Wir leben nicht gern.
Wir sterben nicht gern.
Weil wir nicht gern leben, sterben wir nicht gern.

Das würde nur anders, wenn sich die Geheimnisse des
Himmels mit den Rätseln dieser Erde vermählten. Dann
müßten Leben und Tod nicht mehr voneinander unter-
schieden werden. Sie hielten Hochzeit miteinander: unvermischt und ungetrennt. Doch solange diese Vermählung
nicht stattgefunden hat, wird der Tod als der Preis für das
Leben gelten.
Wenn man also schon nicht weiß, wofür man lebt, dann
sollte man wenigstens Spaß daran haben.

Der, die, das

Der Tod ist duftig und leicht, federnd und tänzelnd.
Er ist vielleicht kein Er, sondern eine Sie.
Das Sterben hingegen ist schwierig und klebrig.
Es ist vielleicht kein Das, sondern ein Er.
Er und Sie. Der, die, das.

Wir Menschen sind unwissend. Wenig wissen wir, und nichts verstehen wir vom Leben, und erst recht wissen wir nichts vom Tod. Den kann nur der verstehen, der um das Leben weiß.

Doch da wird uns Christus gegeben. Mit ihm wird uns alles gegeben, mit ihm bleibt alles zu tun. Wenn wir auch ihn nicht verstehen, so ist er es doch, auf den wir hoffen, und das, worauf wir hoffen.

Mit ihm wird uns alles gegeben,
mit ihm bleibt alles zu tun.

Die Stellung des Christentums in der Welt ist klar. Sie liegt ziemlich gleich weit entfernt zwischen
    Heidenangst und Heidengelächter.
Denn das von Gott gesprochene Wort des Lebens ist gleich weit entfernt von
    betretenem Schweigen und heiserem Gebrüll.

Der Tod zieht das Leben nach sich

Essen ergibt Trinken, Denken zieht Sprechen nach sich,
Musik das Tanzen, Anfassen das Loslassen.
Was ergibt Beten? Was zieht das Beten nach sich?
Sagt es uns neu, ihr Christenmenschen von heute!
Diesmal nämlich soll es keine Retrospektive werden, was
wir machen, sondern eine Aktion. Eine Aktion, obwohl
den Tormännern Angst nachgesagt wird beim Elfmeter,
obwohl dem Kopf Angst nachgesagt wird vor den Händen,
den Bürokraten Angst vor der Phantasie, den Bischöfen
Angst vor dem Neuen.
Zieht Beten vielleicht Entrüstung nach sich? Oder Han-
deln oder Leben?
Bis jetzt war unsere Hoffnung ja nur eine Art von Geduld.
So wie sich unser Bewußtseinszustand zusammensetzte
aus Glaubenserfahrung, Weltverständnis und Lebenswis-
sen.
Die Angst kam dadurch zustande, daß wir nicht wußten,
wie den Tod einschätzen.
Sollten wir sagen Todeserfahrung oder Todesverständnis
oder Todeswissen oder Todeserkenntnis?
Vielleicht zieht der Tod das Leben nach sich wie Essen das
Trinken und Musik das Tanzen.
Dann allerdings wäre Beten ein Appetitanreger.

Schöngeistiger Todeskram

Er, der überkandidelte, kultivierte Nichstuer, sagte nicht
»tot«, nein, er sprach von »leblos«. Gott war nicht vorhanden in seinem Sprachschatz. Er glaubte, diese Vokabel sich
schenken zu können. Und begriff nicht, daß es ein Raub
war an ihm selbst. Man kann nie genügend Worte haben.
Ob ihm die Unterscheidung zwischen »Selbstmord« und
»Freitod« einmal helfen wird, sollte es hart auf hart kommen? Wenn es nicht mehr um bloßes Schweigen geht, sondern ums Verstummen. Weil das Sterben noch gerade so
zum Leben gehört und alles ungelebte Leben zu Recht
Sünde genannt wird.

Suspendiertes Leben

Wer ihn kannte, der wußte, daß er eigentlich nur lächelte,
wenn er unsicher war. Er nahm das Leben wie ein Berufs-
leiden, unausweichlich. Dennoch schien er nicht wirklich
unglücklich. Nur uneigentlich.
Wäre sein Leben wirklich verpfuscht gewesen, er hätte neu
beginnen können. Aber es war nicht verpfuscht, es war
nur unübersichtlich, verworren, vertrackt. Immerhin
brachte er noch so viel Kraft auf, der Mutlosigkeit etwas
abzuringen an Charme und Liebreiz. Doch von Herzen ab-
sichtslos zu sein, das brachte er nicht mehr zustande, und
einfach wieder in die Kirche zu gehen, dazu war er zu
kompliziert.

Wem gehört das Sterben?

Des Sterben, wem gehört es? Noch dem Leben oder schon dem Tod? Gehört es dem, der stirbt, so daß er lebend stirbt, um nicht sterbend zu leben? Wohin schlagen wir es also, das Sterben?

Vielleicht ist das Sterben eine wichtige oder wenigstens doch einzigartige Erfahrung, die ich mir nicht entgehen lassen sollte. Darum muß ich mich ins Sterben einüben. Nicht wenn ich mürrisch bin und depressiv, sondern wenn ich überrieselt bin vom Glück.

Stehend sterben zu können – stabil –, mit dem Wissen: Jetzt ist es soweit. Das wünschte ich mir. Denn ich vermute, daß ich einmal so über meinem Tod stehen werde, wie ich jetzt über meinem Leben stehe.

Deutlich leben

Nicht wenn du Bauchschmerzen hast oder Zahnweh, denke über deinen Tod nach, sondern wenn du dich überrieselt fühlst von Glück. Dann denke daran, daß du einmal all das loslassen mußt, was jetzt dein Glück ausmacht. Und das Glück, das du jetzt spürst, wird dich im Gedanken an den Tod sattmachen, zur Ruhe kommen und dankbar werden lassen. Intensiv wirst du leben, deutlich und bewußt.
Es soll ja tatsächlich Menschen geben, die nur deswegen leben, weil sie nicht gestorben sind.

Es kann mir jetzt nichts mehr passieren

Ja, auch ich gehörte zu den Schulanfängern, die dauernd austreten mußten, vor Aufregung, aus Angst.

Die Studienräte haben dafür einen Begriff geprägt, nicht erst seit heute: das sind Sextanerblasen.

Das sollte aufhören in der darauffolgenden Klasse, in der Quinta. Bei mir hat das nie aufgehört. Noch in der Obersekunda mußte ich vor Lateinarbeiten schrecklich... Verzeihung ich wollte sagen, ich hatte Angst vor Blähungen. Und in der Nacht davor bin ich immer schweißgebadet aufgewacht, nur weil der Schrank geknackt hatte.

Heute bin ich vierzig Jahre alt und habe keine Angst mehr, und das nicht nur, weil ich mich an das Menschenleben gewöhnt hätte, nein, was soll mir Bettnässer schon passieren, der ich zudem einen Buckel habe, leicht schiele über meiner Hasenscharte und der ich o-beinig gehe, was ganz und gar zu meinen abstehenden Ohren paßt.

Was also soll mir noch passieren?

Das Leben kann mich jetzt nur noch positiv überraschen.

Herzliche Befürwortung für die Umkehr des Satzes
»Die Lage ist ernst, aber nicht hoffnungslos« in
»Die Lage ist hoffnungslos, aber nicht ernst«

Eigentlich habe ich immer Angst gehabt. Angst, solange ich denken kann, mehr, solange ich mich erinnern kann. Da war da der Eintritt in den Kindergarten. Und bald schon mal, nachdem das geschafft war, sprach man vom Ernst des Lebens, der nun begänne, und meinte meine Einschulung.

Doch der Ernst des Lebens begann immer wieder aufs neue. Und die Angst über den Ernst äußerte sich in Durchfall vor dem Abitur, kaltem Schweiß auf Rücken und Stirn bei der Inskription, Sodbrennen bei der Musterung, Schluckauf bei der Verteidigung der Doktorarbeit, in leichtem Flimmern vor den Augen in der Hochzeitsnacht. Eben bestieg ich die Stufen zum Rednerpult der Vereinten Nationen, um als deren Präsident eine flammende Rede zu halten, und siehe da, mir zitterten die Knie aus Angst wegen des Ernstes der Lage und das ist doch kein anderer Ernst als der Ernst des Lebens.

Da also der Ernst offensichtlich alle Lebenslagen prägt, will ich vor meiner Einweisung ins Altersheim mal eine Pause machen und keine Angst haben.

Denn nach Eintritt, Einschulung, Einweisung wird möglicherweise noch eine angstvolle Überführung notwendig.

Großer Psalm über die Angst

Du bist ein Vorgänger oder ein Nachfolger, aber kaum jemals du selbst. Freude, das wurde erbärmlich spitzfindig für dich.
Ressentiments eher und Angst beherrschen dich. Du ertappst dich, wie du die Antwort probst, während der andere noch spricht. Und wenn zwei zerstritten sind, gibst du dem recht, der zuletzt mit dir gesprochen hat. Du traust deinen eigenen Augen nicht – mit Fug und Recht, weil sie geschlossen sind. Was von dir übrigbleibt, ist Angst. Aus Angst suchst du die Macht, damit die anderen, die du für schlechter hältst, sie nicht bekommen. Noch ist es nicht soweit, und du bist froh, daß man dir verbietet, was du sowieso verabscheust. Zwiespältig bist du, ganz verdämmlich zwitterhaft.
Das Leben einverleibt zu lieben, hält nicht vor, den Tod nicht fürchten, rettet nicht. Beides heißt die Schlacht gewinnen, wenn der Krieg verlorenging.
Menschenfresser rottet man aus, indem man sie auffrißt. Nach dieser Logik stirbt man das Leben, indem man es lebt. Du Lebenskindeskind, du Witwer der Sprache, du Erbe der Angst! Eingezwängt zwischen halbfertige Träume und nicht zu Ende gedachte Gedanken.
Weil du dich nicht durchschaust, bist du dich auch nicht und mußt davon leben, daß du stirbst. Und nicht einmal das, du stirbst ja nicht, du gehst bloß tot. Nur einer ist bis jetzt gestorben: Jesus Christus. Er atmete, aß, tastete Sprache durch seinen Tod. So wurde er das Leben, das mit der Liebe malgenommen, das Spiel und die Zeit ausdividiert.
Erst wenn Tatsachen wieder Geschehnisse werden, aus Ideendingen wieder Geschichte, wenn Wahrheit mehr ist, als daß es bloß zutrifft, dann sind wir von ihm ergriffen, dann ist er der Absolute vom Totalen, von der Wirklichkeit das Wirken, vom Gewußten das Gesagte, vom durchspielten Nein das Ja.

Vorkommnisse und Haltungen ...
und das verkappte Krepieren!

Zwei Vorkommnisse
aus dem Jahre 1987

Wir haben uns abverlangt, liberal zu sein, vielleicht sogar permissiv. Nichts erschreckt uns mehr, und nichts ekelt uns. Alles verstehen heißt alles verzeihen – nichts Menschliches ist uns fremd. Letzteres empfahl ja schon Goethe.

Nun aber ist im Jahr des Heiles 1987, im Januar, etwas Unheiles passiert. In einem US-Bundesstaat hat ein Finanzminister, der wegen Bestechung mit einer Gefängnisstrafe bis zu 55 Jahren Höhe rechnen mußte, Selbstmord begangen. Das kann man verstehen und darum wohl auch akzeptieren, aber muß dieser Selbstmord inszeniert werden? Daß man sich am Ende einer Pressekonferenz, bei laufenden Fernsehkameras und vor Dutzenden von Journalisten einen großkalibrigen Revolver in den Mund steckt und abdrückt. Der Strom von Blut, in dem man da verläßlich tot zusammenbricht, macht aus der ganzen Sache eine Schweinerei, eine widerliche, obszöne Schweinerei. Und obwohl unsere Tageszeitung den Bericht davon unter der Rubrik »Heutzutage« brachte, erahnen wir, daß seit Goethe, wenn nicht schon seit eh und je, etwas Menschliches beschmutzt werden kann. Plötzlich sind wir wieder stolz, noch Ekel empfinden zu können und Vorurteile zu haben: spießige, kleinbürgerliche Vorurteile.

Nebenbei bemerkt: Es erübrigt sich zu sagen, daß ein lokaler Fernsehsender diesen inszenierten Selbstmord in voller Länge ausstrahlte, während die anderen Sender die Aufzeichnung an der Stelle abbrachen, wo der Minister sich die Waffe in den Mund schob.

Rührend ist auch dieses Detail: Besagter Mensch hatte einen Organspenderpaß. Doch wer ist der Kranke, der von diesem ein Organ will?

Im selbigen Jahr 1987 tut eine deutschsprachige Tageszeitung etwas sehr Unheiliges. Sie schreibt über Kannibalismus und kommt in dem Zusammenhang auf den zu sprechen, der »gut abgehangen am Kreuz« »allgegenwärtig« sei. Wessen Appetit regen solche Worte an, wenn man die nicht von vornherein als geschmacklos ansehen muß? Müssen sich die Anhänger des Gekreuzigten als verspottet empfinden, als verhöhnt und verunglimpft? Gibt es keine sachliche Argumentation gegenüber diesen Leuten, die offensichtlich Feinde des Gekreuzigten sind oder Feinde der Wirkungsgeschichte des Kreuzes und dessen, was in seinem Namen durch Christen geschah? Diesen Leuten beizukommen, stellt man nun von kirchenamtlicher Seite her »Strafanzeige und gleichzeitig vorsorglich Strafantrag unter allen rechtlichen Gesichtspunkten, besonders wegen Beschimpfung von Bekenntnissen, Religionsgemeinschaften und Weltanschauungsvereinigungen, nach Paragraph 166 StGB und wegen Beleidigung nach Paragraph 185 StGB«.

Haben wir Christen nicht einen Verkündigungsprozeß an Freund und Feind? Bezieht sich dieser Auftrag nicht gerade auf den Gekreuzigten? War das nicht früher schon, bei Paulus, »für Heiden eine Torheit«? Warum wundern wir uns dann, daß Neuheiden töricht reagieren?

Uns ihnen gegenüber als verspottet darzustellen und sie mit Strafmaßnahmen zu bedrohen, fälscht das nicht die Beziehung zu ihnen ab und verhindert das nicht jede Art von Verkündigung?

Verkündigung bedeutet Überzeugenwollen, und Überzeugungsarbeit nimmt ihren Weg nun einmal nicht über das Strafgesetzbuch.

Vom Appetit der Menschenfresser
Zu Ex 21,23 und 24; Mt 5,38 und 39

Im Buch Exodus heißt es:
»Ist weiterer Schaden entstanden, dann mußt du geben:
Leben für Leben, Auge für Auge, Zahn für Zahn, Hand für
Hand, Fuß für Fuß, Brandmal für Brandmal, Wunde für
Wunde, Strieme für Strieme.«

Bei Matthäus sagt Jesus:
»Ihr habt gehört, daß gesagt worden ist: Auge für Auge,
Zahn für Zahn. Ich aber sage euch: Leistet dem, der euch
etwas Böses tut, keinen Widerstand, sondern ...«

Wie nun geht es zu bei der Christenheit? Folgt sie dem Beispiel Jesu oder dem alten Motto »Auge um Auge, Zahn um
Zahn«?

Wer den Betrieb bei uns kennt, weiß, daß das uralte Motto
»Auge um Auge, Zahn um Zahn« von seiner Aktualität
nichts eingebüßt hat. Man fühlt sich halt der Tradition
verpflichtet. Auge um Auge, Zahn um Zahn. So wie du
mir, so ich dir. Nach diesem Motto werden die Kritiker
kritisiert, die Denunzianten denunziert, die Lügner belo-
gen, die Betrüger betrogen, die Menschenfresser gefressen
– so lange, bis man uns gefressen hat. Mit Haut und Haar.
Mit Auge und Zahn fängt es an.

Vom Lob Gottes in schwierigen Zeiten
Zum Volkstrauertag

»Und wie man nach Auschwitz den lieben Gott loben soll,
der alles so herrlich regieret, das weiß ich nicht.« – Das
weiß sie nicht, die Dorothee Sölle, die sonst so gescheite
Frau?
Eigentlich hätte man Gott ja nie loben dürfen. Seit Bestehen der Menschheit nicht. Vor Juden und Christen schon
nicht. Oder man hätte damit aufhören müssen, als der rö-
mische General Crassus nach dem Niederschlagen des
Spartakus-Aufstandes als abschreckendes Beispiel 6000 (in
Worten: sechstausend!) Sklaven kreuzigen ließ. Das geschah im Jahre 72 vor Christi Geburt auf der Via Appia,
von Capua bis vor die Tore Roms. Vor Christi Geburt –
und nicht erst nach seinem eigenen Kreuzestod – hätte
man also schon aufhören müssen, Gott zu loben. Denn
die Kreuzigung von 6000 Sklaven steht an Grausamkeit
Auschwitz in nichts nach.
Im Dreißigjährigen Krieg hätte man aus Protest über den
»Schwedentrunk« aufhören müssen, Gott zu loben. Späte-
stens beim Einsatz von Giftgas im Ersten Weltkrieg, also
eine Generation vor Auschwitz, hätte man aufhören müssen, Gott zu loben, der alles so herrlich regieret.
Der Dichter des Liedes »Lobe den Herren«, der evange-
lisch-reformierte Prediger Joachim Neander, starb im Mai
1680, gerade dreißigjährig. Viel zu jung, als daß man Gott
deswegen loben könnte. Doch es ist seine Erfindung,
gewiß zu unserer Erbauung niedergeschrieben, daß man
Gott, den Herren, wegen seiner herrlichen Regierung loben solle. Er war halt ein Dichter und Pfarrer noch dazu –
evangelisch-reformiert wie seine Kritikerin Dorothee Sölle.
Was nicht ablenken soll von der hochkatholischen Brisanz
dieser Auseinandersetzung. Das Lob Gottes setzt also immer einen Entschluß voraus und das Wissen um das, was
geschieht. Offensichtlich kann man Gott gedankenlos
nicht loben ...

Paris, Notre-Dame
oder Der aufgeschobene Selbstmord

In der Bischofskirche von Paris ist vom morgendlichen Öffnen bis zum abendlichen Schließen des Portals in den Seitenkapellen immer ein Priester zu sprechen. Ich versah diesen Dienst des Empfangs, der Beratung und des Beichtehörens immer an den Vormittagen des Donnerstags.

Eines Tages kam eine junge Frau in mein Sprechzimmer, pflanzte sich aggressiv vor mir auf und teilte mir mit, daß sie entschlossen sei, sich das Leben zu nehmen. Ich blickte sie prüfend an und merkte sofort, der kannst du mit frommen Sprüchen vom lieben Jesulein nicht beikommen. So entschloß ich mich zu einer ebenso aggressiven Antwort. »Das ist schnell geschehen«, sagte ich ihr, »das Sich-das-Leben-Nehmen. Wenn Sie aus der Kathedrale kommen, haben Sie rechts und links die Seine. Wir sind auf einer Insel, es ist also egal, auf welcher Seite Sie sich hineinstürzen. Wenn Sie das aber einmal getan haben, dann ist das irreparabel – endgültig. Sie sind jetzt zu allem entschlossen, was kann Ihnen denn noch passieren, den Tod erreicht man schnell, wenn es schon sein muß. Warum nutzen Sie diese Kraft der Entschlossenheit nicht, ein paar Menschen durch Liebe zu verblüffen? Haben Sie genug geliebt, selbstlos geliebt, um schon sterben zu dürfen? Was wissen Sie denn groß vom Leben und von der Liebe? Es ist zu früh, um sterben zu wollen. Gehen Sie doch einmal davon aus, daß Sie bereits gestorben wären und daß jetzt alles nur dazu dient zu schauen, wie's weitergegangen wäre. Es genügt die Kraft, diesen Tag zu überstehen. Der Tod ist schnell erreicht. Schieben Sie Ihren Selbstmord bitte auf.«

Sie war verblüfft von meinen Worten, die junge Frau, und als sie gegangen war, machte ich mir als Priester Vorwürfe. Du hättest ihr etwas Religiöses sagen sollen, dachte ich bei mir. Aber, vom Leben und von der Liebe sprechen, ist das nicht religiös?

Soziales Sterben

Dein nächtlicher Traum, den du mir in deinem letzten Brief beschreibst, ich möge dich genauso gern haben wie meine Katze, hat mich sehr verlegen gemacht. Denn ich sehe Menschen nicht wie Haustiere und möchte dich nicht ansehen wie ein Schoßhündchen oder eine Streichelkatze.

Ich weiß, das Leben hat dir in deiner Kindheit und Jugend übel mitgespielt, aber nur du allein kannst es zähmen und es dir lebens- und liebenswert machen. Sicherlich in Bundesgenossenschaft mit guten und vor allem interessanten Menschen, aber nicht durch Umklammerung dieser Menschen. Was mich betrifft, beginnst du, dich da in etwas hineinzusteigern. »Es ist 2 Uhr 30 in der Nacht. Ich sitze hier, und Tränen der Freude rinnen über mein Gesicht.« So begann dein vorletzter Brief. Auch er machte mich schon so verlegen. Denn ich kann nun einmal nicht zu deinem Privaterlöser oder persönlichen Heiland werden, und erst recht nicht will ich dein Herrchen werden, der dich wie seine Katze oder seinen Schoßhund streichelt.

Es schmerzt mich und macht mich traurig, dir das schreiben zu müssen.

Sozialer Tod

Sie gaffen dir unmittelbar ins Gesicht, doch wenn du guten Tag sagst, drehen sie das Gesicht weg und erweisen sich als taubstumm. Noch quer von der anderen Straßenseite, beim Ausführen des Hundes, schielen sie diagonal in dein Auto hinein, doch wenn du die Hand hebst zum Gruß, kehren sie dir plötzlich den Rücken zu. Bei offiziellen Anlässen sind alle sehr freundlich, und es gibt belegte Brötchen.

Woher kommt sie also, diese Verlegenheit, einander anzusehen und zu grüßen? Die Verlegenheit, wirklich miteinander zu leben?

Reinkarnation

Scheitert eine Partnerschaft,
so versucht man es halt mit einer neuen.
Scheitert ein Leben wegen Lustlosigkeit oder
Unpäßlichkeit,
so versucht man es eben mit einem neuen.
Re-inkarnation ist angesagt,
Wieder-Einfleischung auf Probe,
denn weitere Re-re-re-Inkarnationen werden folgen.
Die Sache muß also nicht verbindlich werden
und auch nicht ernst gemeint sein.
Denn die persönlichen Probleme, die man hat,
werden nicht gelöst, sondern gegenstandslos.

Sterben recht innerlich

Prinzipiell haben Sie recht, würde ich sagen, wenn ich Sie
richtig verstehe. Denn wenn wir »ja« sagen, scheint mir, ist
ein »warum nicht?« stillschweigend mitgemeint.
Ich würde in diesem Fragenkomplex also ein entschiedenes Vielleicht anmelden.
Beim entschiedenen Vielleicht, da stirbt's sich innerlich.

Das Salz der Erde
Zu Mt 5, 13

Eine große, dicke Gemüsesuppe,
das ist das Leben.
Und da ist alles drin,
süßes und bitteres
und auch die Reste der letzten Tage,
ja, mancherlei Undefinierbares
schwimmt in ihr mit.
In solch eine Suppe gehört Salz.

Jesus sagt: Ihr seid das Salz der Erde
und niemand anderen als seine Jünger
hat er gemeint.

Wir können uns nun verweigern und sagen:
diese Suppe haben wir nicht gekocht,
und da schwimmt so manches Fragwürdige mit,
solch eine Suppe salzen wir nicht.
Wir wären traurige Suppenkasper!
Und die Suppe, die, schmeckte schal.

Oder aber wir zeigen es den anderen
und versalzen ihnen die Suppe!

Weder Rache noch Verweigerung,
sondern das Abschmecken der Suppe
(brhh!?)
und das Salzen mit
Fingerspitzengefühl,
das ist die Aufgabe der Christen.

Ihr seid das Salz der Erde,
das verlangt wahrhaftig nach
Verantwortung und ...
vornehmer Zurückhaltung.

Ich und mein Leben
Ein Jugendlicher spricht

Das erste ist, daß ich mich vorfinde.
So vorfinde.
Ich habe keine Schublade, mich einzuordnen,
doch ich bin selber eine.
Musik trommelt auf mir herum
und will in mich hinein.
Ich muß aufpassen, daß ich nicht zu leben aufhöre,
während ich über das Leben nachdenke.
Ich bin für mich selber nicht der Maßstab.
Der Maßstab liegt außerhalb von mir selbst,
damit er vor mir sicher ist.
Ich kann ihn wohl in mir finden,
aber ich selber bin er nicht.
Und das hat noch einen zweiten Sinn:
eines Tages brauche ich nicht zu mir selber sagen:
ei, wer stirbt denn da?

Der Sterbekünstler als Lebenskünstler

Er hatte sich gegönnt zu leben und es dicht und intensiv getan, indem er möglichst viel Widersprüchliches tat. So war er stehend gestorben und wollte darum jetzt auch stehend beerdigt sein.

In einem Steh- und nicht in einem Liegesarg, wie es landläufig üblich ist. Entsprechend begehrte er auch ein Senkrechtgrab und nicht das Horizontale der anderen.

Er wollte am Jüngsten Tag seinem Gott partnerschaftlich gegenübertreten.

Die Unvollendete

Von Franz Schubert gibt es eine Sinfonie, die er nicht vollenden konnte. Sie heißt darum die Unvollendete. Doch trotz fehlender Vollendung ist die Musik nicht weniger herrlich.

Komponiert nicht ein jeder von uns die Sinfonie seines Lebens? Und ist diese Sinfonie nicht immer unvollendet und unvollkommen, selbst wenn wir achtzig Jahre alt werden?

Trotz fehlender Vollendung, obwohl wir sterben müssen, steckt so viel Musik in einem Menschenleben.

Gott, der große Meister und Dirigent, er weiß noch mit der lückenhaftesten Partitur etwas anzufangen:

Sphärenklänge, Himmelsmusik.

Der unterlassene Gang zur Toilette

Ich erwache, weil der Kopf schmerzt und der Hals geschwollen ist; ich habe Durchfall und in der Herzgegend sticht und zerrt es. Auch die Knie tun weh.

Während ich das alles an mir wahrnehme, rieche ich Qualm und höre merkwürdig knackende Geräusche: ja, es muß der Dachstuhl brennen. Doch meine Aufmerksamkeit wird in demselben Moment auf schmutziges Wasser gelenkt, das unter der Tür hereinsickert und einen immer größer werdenden Fleck verursacht. Gestank geht aus von diesem Fleck, so daß ich den Qualm schon gar nicht mehr riechen kann. Die Kanalisation muß geborsten sein, was mir in trauriger Weise symbolisch erscheint zu meinem Durchfall, denn den wollte ich doch gerade der Kanalisation anvertrauen.

Ich kann mir den Weg zur Toilette ersparen, denn ein Klirren des Geschirrs und ein Zirren im Wandschrank verraten mir, daß gerade ein Erdbeben beginnt.

Plakat in der Großstadt
»Wer Jesus hat, hat das Leben.« Die Bibel.

Ach, wir sind ja so todesgetroffen, todeshinübergeneigt, voll Todessehnsucht. Wer will denn im Ernst ewig leben, wenn er nur dieses Leben hat zum Vergleich? Dieses Leben zu überstehen, genügt das nicht? Sieh doch, schon das Wort »Leben« allein ist verdorben. Man hat meistens nur die Wahl zwischen Deprimiertheit oder Niedertracht.
Schönen Dank also. An und für sich hat uns das schon interessiert und im übrigen sehr gefreut, daß sie dabei an uns gedacht haben. Was sie uns geben wollen mit dem ewigen Leben, ist letztlich eine Uhr. Doch wir brauchen keine Uhr. Weil wir nicht mal soviel Zeit übrig haben, um auf die Uhr zu sehen ... todeshinübergeneigt.

Sperrkonto Freude

Von den zarten, liebenswerten Belanglosigkeiten, wo Schauspieler Schauspieler mimen, wo alles mehr gekonnt ist als gut, von den Wonnen der Gewöhnlichkeit und angestrengten Fröhlichkeiten schreit es in uns nach einer Freude, auf die man sich noch extra freuen kann. Ekstatisches Glück ist gewiß zuviel verlangt, doch worttolldreistes Freudewerden? Ein Überziehen des Kontos?
Wir sind so ernüchtert, so erbärmlich blasiert, das Wort als Freude, als Gott zu erkennen. Wir sind besessen, uns selbst auf den Mund zu küssen. Wir hatten sogar schon am Kreuz gehangen. Für etwas völlig Falsches hingen wir am Kreuz. Darum verstehen wir Christus nicht.

Das anscheinend grundlos spendierte Eis

Es gab da einen Christen, der war so enttäuscht und depri-
miert über sich selbst, über das Leben und über die anderen Christen, daß er sich das Leben nehmen wollte. Dazu
stieg er auf einen Turm. Als er sich von dort herunterstür-
zen wollte, sah er unten spielende Kinder.
So stürzte er sich nicht herunter, sondern stieg herunter,
spendierte den Kindern ein Eis und gab seinen Plan auf.

Fürwahr ein Christ und ein feiner Mensch dazu! Kein
Wunder, daß er auf den Gedanken kommen mußte,
Schluß zu machen.
Und wir? Bitte seien wir achtsam und empfindsam, wenn
uns Leute anscheinend grundlos ein Eis spendieren.

Harre aus, söhne dich mit dir selber aus,
ohne zu springen, ohne jemand anderer zu werden,
kein neutrales Das jedenfalls.

So gelingt es dir vielleicht, ganz beim anderen zu sein
und zugleich bei dir selbst.
Und so wird dich eines Tages nicht verleugnen – dein eige-
ner Tod.

Das Gelobte Land ist größer als eine Oase,
aber kleiner als das Paradies.

Ich weiß nicht, wo mein Glück liegt, aber ich suche mal
hinter meinem Unglück.
Ich weiß nicht, wo meine Sonne scheint, aber ich grabe
mal unter den Schatten.
Ich weiß nicht, wo für mich das Gelobte Land liegt, aber
ich ziehe weiter durch meine Wüste.
Vielleicht bedeutet leben, immer auch durch die Wüste
ziehn. Aber das Gelobte Land ist darum gelobtes Land,
weil zugesagt, weil versprochen.
Wenn man uns nicht reingelegt hat, ist es ein Territorium,
festes Land, Festland.
Es ist nicht das Paradies, noch nicht.
Das anzunehmen, wäre Selbstbetrug und fast so schlimm,
als würde ich meine kleine Oase schon
für das Gelobte Land halten.
Nein, ich muß zuvor noch einmal aufbrechen, durch die
Wüste.

Christenmenschen und ihr Umgang
mit dem Sterben

Wie als Arzt kommt man auch als Pfarrer viel mit Sterbenden zusammen und erlebt da seine Überraschungen.
Daß eine schlichte, einfache Frau, die ihr Leben lang nicht
viel anderes getan hat als im benachbarten Hotel den Kartoffeln, die aus der Schälmaschine kommen, von Hand die
letzte Reinigung vor dem Abkochen zu geben, groß wird
im Tod. Daß dagegen eine offizielle Persönlichkeit, ausgerüstet mit Titeln und akademischen Graden, im Sterben
ganz erbärmlich wirkt. Das kann eine Überraschung sein.
In deinen ersten Dienstjahren sinnst du darüber nach,
warum das so sein kann. Oder aber du wirst zu einer kranken alten Frau gerufen und im Korridor von den Verwandten abgefangen, die dir sagen: Herr Pfarrer, unsere Mutter
ist sehr krank und wird wohl bald ans Sterben kommen,
aber sagen Sie der alten Frau nichts, sie könnte sich zuviel
Unruhe machen. Natürlich verspricht man das und wird
vorgelassen. Die kranke alte Frau erweist sich als eine
Dame, die ihre Lebensbeichte ablegt und andächtig kommuniziert. Dann sagt sie plötzlich in die Kommuniondanksagungsstille hinein: Herr Pfarrer, ich weiß, daß ich
bald sterben werde, aber bitte sagen Sie nichts davon meinen Kindern, die könnten sich zuviel Unruhe machen.

Jedermann versteht, daß die alte Dame und ihre Kinder
sich aus liebender Besorgnis heraus etwas Schmerzliches
ersparen wollen. Doch diese Ersparnis bewirkt, daß ein
Stück Leben und vielleicht ein Stück menschliche Größe
nicht miteinander gelebt wird – aus falsch verstandener
Liebe heraus. Die große Frage ist ja: Wohin schlagen wir
das Sterben? Gehört es noch zum Leben, das man bis dorthin gestaltet, oder schlagen wir das Sterben zum Tod? Sagen zu können: »Laß mich sterben«, liegt darin nicht die
Kraft der Bejahung für eine ganze Existenz? Daß darin verbrannt wird, innerlich verbrannt wird all die Verneinung

meiner selbst, die ich im Laufe meines Lebens in manchen Situationen bitter erfahren mußte? Oder, noch schlimmer, die Verneinung durch mich selbst, wo ich mich selbst verriet – gegen meine eigene Würde handelte.

Bestimmt liegt ein Unterschied darin, ob ich allein in einem Zimmer liege, und nebenan klappert man in der Küche mit dem Geschirr, während ein Priester eintritt, den ich nie in meinem Leben gesehen habe, weil ich nie zur Kirche ging, den aber immerhin meine in der Küche Geschirr spülenden Verwandten rufen ließen, oder aber, ob ich nach Ablegung meiner Lebensbeichte und der dankbaren Erwägung der Glückssträhnen in meinem Leben nun noch einmal meine Lieblingsmusik höre, meine Lieblingsspeise serviert bekomme und ein Glas von dem »anbetungswürdigen« Rotwein, der mir ein Leben lang so gemundet hat! Dann hält vielleicht auch jemand meine Hand, was der Unterschied sein kann zwischen Krepieren und menschenwürdigem Sterben. Und so kann ich flüstern: Es ist gut. Laßt mich jetzt sterben. Ich bin satt an Leben. Solch ein Sterben will allerdings vorbereitet sein. Ich sollte schon über mein Sterben gelegentlich nachdenken. Nicht wenn ich Zahnschmerzen habe oder Freunde mich enttäuschten, sondern wenn ich überrieselt bin von Glück. Denn, wie heißt es bei einem deutschen Weisheitslehrer: »Wer nicht stirbt, bevor er stirbt, verdirbt, wenn er stirbt.«

Kondolenzbrief eines deutschen Pfarrers
Wie er häufig geschrieben werden dürfte

Liebe Familie ...,
liebe Eheleute ...,
Mit Bedacht schrieb ich Ihnen nicht früher, weil ich aus dem Umgang mit trauernden Menschen weiß, daß man zur Zeit des Begräbnisses eines lieben Menschen mit viel Anteilnahme umgeben wird, später aber, wenn der Schmerz noch gar nicht abgeklungen ist, sich sehr alleine fühlt.
Ja, das kommt in meinem Beruf immer wieder vor, so schwere Gänge tun zu müssen, aber wie wenig ich darin zum Routinier geworden bin, zeigte mir der Besuch bei Ihnen. Ich wußte nicht, wie die Worte finden und kam mir so hilflos vor. Verzeihen Sie mir meine Unbeholfenheit.
Ich möchte Ihnen heute hier meinen priesterlichen Respekt bezeugen. Sie waren gewiß so geschlagen, so müde und so wund und dennoch so würdig in Ihrer Trauer, daß ich mir sicher bin, die seelische Kraft wird Ihnen zuwachsen, am Unfalltod Ihres Sohnes menschlich nicht zu zerbrechen, sondern gerade dadurch menschlicher zu werden und empfänglicher für menschliches auf ihrem Lebensweg.
Möge Gott sie segnen, daß Ihnen auf Ihrem weiteren Lebensweg viel ungeahntes Glück begegne, an das Sie aus Trauer heraus jetzt nicht zu denken wagen.
Sehen Sie mir gütig die Unvollkommenheit dieses Briefes nach, aber seien Sie versichert, diese Zeilen wollen ebenso aufrichtig sein wie sie unvollkommen sind.
Von Herzen
Ihr Pfarrer ...

Warnung und Zusage, aber nicht Verteufelung und Vertröstung

Zu zwei Texten aus der kirchlichen Begräbnisfeier

»Denn wir alle müssen vor dem Richterstuhl Christi offenbar werden, damit jeder seinen Lohn empfängt für das Gute oder Böse, das er im irdischen Leben getan hat.«
Mein Leben kommt also einmal in seine Endgültigkeit. Es wird dann offenbar werden, was es getaugt hat im Guten und im Bösen. Einmal wird es als Ganzes überschaubar. Es geschieht Gericht.

Darum kann es nicht gleichgültig sein, wie ich mein Leben auf dieser Erde einrichte, ob dem Bösen erliegend oder dem Guten nachjagend. Ob ich mein Leben bloß so herunterstümpere oder ob ich es gestalte. Doch wer erschrickt nicht vor dem Wort Richterstuhl? Wer kann da bestehen?

»Euer Herz lasse sich nicht verwirren. Glaubt an Gott, und glaubt an mich! Im Hause meines Vaters gibt es viele Wohnungen. Wenn es nicht so wäre, hätte ich euch dann gesagt: Ich gehe, um einen Platz für euch zu bereiten?«

Eben noch die Peitsche mit dem Richterstuhl und jetzt das Zuckerbrot mit den vielen Wohnungen?

Ja, wir sind die Lebenskinder, die man erst hauen muß, damit sie kapieren. Denen man Angst einjagen muß, damit sie die Angst verlieren, die man verwarnen muß, bevor man ihnen Zusagen macht, die Ernsthaftigkeit zeigen müssen, bevor man sie zum Lachen bringt.

So sind wir, die Menschenbrüder und Lebenskinder. Und entsprechend ist sie die göttliche Pädagogik, die göttliche Kindererziehung an uns.

Im Tod umarmt werden

Vom Herrn des Lebens wurde er, dieser Verstorbene,
in göttlicher Umarmung in die Ewigkeit abberufen.
Diese Worte stammen offensichtlich aus einer Todesanzeige, und Christen dürften es gewesen sein, die diese Todesanzeige verfaßt haben. Denn nur Christen drücken sich
so aus. Bei denen ist Sterben anscheinend eine Berufung,
wenn auch Ab-Berufung. Doch auch Christen sind keine
Sterbekünstler ...

Abberufen in die Ewigkeit!
Egal, welch ein Wert ein Christ hatte, in die Ewigkeit abberufen wird er auf jeden Fall. Aber daß der Herr des Lebens
uns Menschen im Tod umarmt, das ist doch eine Aussage,
die nicht unberührt läßt, auch den nicht, der an ein Wei-
terleben nach dem Tod nicht zu glauben vermag. Selten allerdings ist auch auf christlichen Todesanzeigen solches zu
lesen.

Gotteslästerung aus einer rheinischen Tageszeitung

»Anspruchslos und bescheiden war Dein Leben,
treu Dein Herz und fleißig Deine Hand.
Friede ist Dir nun gegeben,
ruhe sanft und habe Dank.«

Dank abzustatten, eben, nicht ganz einfach zu danken, sondern Dank abzustatten in Zusammenhang mit dem frommen Wunsch »Ruhe sanft«, das ist jene gotteslästerliche Verlogenheit, mit der wir uns gegenseitig um unser Lebensglück bringen. Schlimmer, wir bringen uns damit gegenseitig um. Über dieses offensichtlich falsch gelebte Leben kann eigentlich nur Zorn aufkommen, hochkommen, von den Eingeweiden her.

Außerdem geht es wohl um eine Frau in dieser Todesanzeige, die sich, wahrscheinlich unmerklich, irgendwann beschieden hat, so daß man ihr Leben nachträglich als bescheiden kennzeichnen muß. Bescheidenheit und Anspruchslosigkeit in einer Zeit, in der einige Leute erpresserische Ansprüche ans Glück stellen und dem Leben auch noch das letzte Vergnügen, die letztmögliche Lust abpressen wollen!

Zwischen mausgrauer und auch dämlicher Anspruchslosigkeit und erpresserischem und auch gaunerischem Glücksstreben gibt es keinen Freiraum für ein vernünftig und auch herzhaft angepacktes, richtiges Leben?

Mir wird himmelangst, wenn ich in der Küche meine Fensterscheiben ansehe, sagen diese Frauen wörtlich, deren Herz immer so treu ist und deren Hände immer so fleißig sind. Warum das? Weil die Scheiben von außen staubig waren, als ein Regenguß herunterging, dessen Spuren man nun erkennen kann? Deswegen muß man Angst haben, in Worten: »Himmelangst«? Ich dachte, Himmel hätte etwas mit Freude und Halleluja zu tun. Entweder versagt hier die deutsche Sprache, oder aber der Tatbestand von Gotteslästerung ist erfüllt ...

Drive-in-Trauer und Seuchenhygiene

Es gab eine Zeit, da ging man zur Trauerfeier, wenn jemand im Bekanntenkreis gestorben war, wiewohl die Frage, ob das denn nötig sei, ob man den Verstorbenen wirklich so gut gekannt habe, schon immer gestellt worden ist.

Heutzutage jedoch gibt es weder Trauer noch eine Feier. Daß der Pastor in der Friedhofskapelle mit dem Sarg alleine bleibt, ist besonders in unseren Großstädten keine Seltenheit mehr. Während die Amerikaner die Drive-in-Anteilnahme erfunden haben – man fährt mit dem Auto in die Leichenhalle ein, wirft einen Blick auf den Verblichenen und wirft durch das Wagenfenster (zweimal werfen!) die Beileidskarte in den dafür vorgesehenen und gut erreichbaren Briefkasten – wird zum Beispiel in Hamburg für etwa sieben Prozent der Verstorbenen überhaupt keine Trauerfeier mehr angesetzt. Die Beerdigungsinstitute nennen das den »einfachen Abtrag«. Pietätlos gesagt: Die Leiche wird unter seuchenhygienischen Gesichtspunkten entsorgt.

»Der Seele Hülle, des Wesens Fülle«
oder Die Verweigerung eines Pfarrers

Ein Pfarrer verursacht einen Skandal. Die Leute sind empört. Sie reißen das Maul auf. Was war passiert?
Ein junger Mann war zu beerdigen. Und der war selbst schuld, daß er beerdigt werden mußte. Die Lokalpresse hatte unter der Überschrift »19jähriger starb bei riskantem Überholmanöver« darüber berichtet. Für nichts und wieder nichts war dieser 19jährige gestorben. Völlig idiotisch, bei glitschiger Nässe gleich eine ganze Wagenkolonne zu überholen, ohne auch nur im leisesten Zeitdruck gewesen zu sein. Völlig idiotisch, mit brutaler Flegelhaftigkeit den Frontalzusammenstoß mit dem Gegenverkehr zu riskieren, der dann auch erfolgte – mit dem bereits geschilderten Resultat.
Und dann liegt so ein brutaler Lümmel im Sarg.
In der konsternierten Verwandtschaft und im Freundeskreis spricht man von einem tragischen Unfall. Aber es war kein Un-fall und auch kein Zu-fall. Seit eh und je war dieser junge Mann mit diesem halsbrecherischen Stil Auto gefahren. Ein Glücks-fall, daß er nicht auch noch den Fahrer des entgegenkommenden Autos zu Tode brachte!
Vom Pfarrer wird nun bei der Beerdigung erwartet, daß er fromme Gebete aufsagt, die niemandem wehtun. Aber der Pfarrer weigert sich. Er will sich nicht hinter einem Bibeltext verstecken, mehr noch, er hält es für gotteslästerliches Tun, wider besseres Wissen an der Wahrheit vorbeizubeten.
Er hält es für ungewollten Zynismus, daß in der Zeitung annonciert wird: »Aus Gottes unerforschlichem Ratschluß ist heute unser lieber Sohn ... durch einen tragischen Verkehrsunfall aus diesem Leben heimgerufen worden.«
Unser Gott ist kein Monster, sagt der Pfarrer, der junge Männer aus diesem Leben abberuft. Nicht sein unerforschlicher Ratschluß ist Ursache dessen, was da geschehen ist, sondern der leichtsinnig-kriminelle Fahrstil des Betroffenen. Bei der Beerdigung rang der Pfarrer nach Worten –

man spürte es ihm an –, jedenfalls kleisterte er den Vorfall nicht mit frommen Worten zu. Aber wiewohl er die These vom Unfall gelten ließ, stellte er doch die Frage nach der Verantwortlichkeit. Das löste besagte Empörung aus. Er hätte ein Gebet sprechen oder gar nichts sagen sollen, sagten die Leute.

Der Pfarrer wurde auch sprachlos. Nämlich, als er bei der Danksagung eine Woche später folgenden Spruch in der Zeitung fand:

> »Was sie da eingesenkt bei Glockenklängen
> zur tiefen Ruh,
> im letzten Bett, dem todesdunklen, engen –
> das bist nicht du!«

O doch, leider, das ist er doch.
Aber dessenungeachtet geht's unerbittlich weiter im Text:

> »Das bist nicht du, der Geist voll Kraft und Feuer,
> von Gott erfüllt,
> dem gestern erst des Todes blasser Schleier
> den Blick verhüllt.
> Dein Wanderkleid nur ist's, der Seele Hülle,
> die Fessel, drin so lang des Wesens Fülle
> gefangen lag ...«

»Der Seele Hülle, des Wesens Fülle«: hausfraulich gereimter deutscher Edelkitsch, verlogen,
aus Hilflosigkeit heraus verlogen ...

Kein Recht zur Trauer haben

Ich habe einen Klassenkameraden, der Chirurg geworden ist, während ich Pfarrer wurde. Ab und zu sehen wir uns, tauschen Erfahrungen aus und vergleichen unsere Berufe. Haben sie etwas Gemeinsames? Mein Freund, der Chirurg, operiert laufend, und manchmal geschieht es, daß ein Patient unter seinen Händen stirbt. Wiewohl er schon lange Zeit als Operateur tätig ist, nimmt ihn ein solcher Vorfall immer stark mit. Er möchte dann sein Operationsbesteck am liebsten in den letzten Winkel des Operationssaals knallen, so ärgerlich und niedergeschlagen zugleich ist er. Trotzdem meint er, kein Recht zu haben, sich der Trauer zu überlassen, denn am nächsten Tag steht er schon wieder auf dem Dienstplan, und es gilt aufs neue, Kranke zu operieren, und das nach allen Regeln der Kunst und mit aller verfügbaren Nervenkraft.

Mein Pfarrerberuf ist weniger dramatisch, und doch ist es mir passiert, an ein und demselben Tag vom Sterbebett eines Todkranken direkt in den Kindergarten gehen zu sollen und von einer Beerdigung am späten Vormittag zu einer kirchlichen Hochzeit am frühen Nachmittag. Sich mit den Fröhlichen zu freuen und mit den Trauernden zu weinen und beides jedesmal aufrichtig, das macht den Pfarrer zum Werkzeug von Mitmenschlichkeit, aber das bewirkt auch, daß er sich zu Zeiten wie ein in die Ecke geworfenes Operationsbesteck fühlen muß. Dennoch, wie der Chirurg hat auch der Pfarrer kein Recht auf Trauer.

Vielleicht hat die Christenheit insgesamt und der jeweils einzelne Christ kein Recht auf Trauer. Weil es am nächsten Tag wieder zu operieren gilt ...

Das Leben auslachen,
den Tod verspotten dürfen...

Protokoll eines Referats

Der Referent sprach heute abend über das Sterben. Er durfte als Spezialist dafür gelten, denn er war selbst längere Zeit tot. Von eindringlicher Unbestimmtheit sein Vortrag. Aber er kam schon bald zum Thema, nämlich, daß an sich bedeutungslose Menschen durch ihr Gekasper, durch ihre Schlaumeiereien verheerend sein können in dem Bösen, das sie anrichten. Sterben als Lebenstat könne eigentlich nur von bedeutungsträchtigen Menschen dargeboten werden. Darum sollten besser die bedeutungslosen Menschen ewig leben. Und einer allein richtig an das Sterben herangelassen werden: Jesus Christus nämlich. Was schon bekannt sei, meint der Referent im Nebenbei, das sei das Gelebtwerden, aber nicht erst so ganz neuerdings gäbe es auch das Gestorben-Werden. Dann kamen zwei Schlußthesen:
1. Manche Leute sterben nicht, sie gehen bloß tot.
2. Besser gut gestorben als schlecht gelebt.

Sein oder Nichtsein,
katholischwerden oder sterben

Von Heinrich von Kleist sagen seine Biographen, daß ihn –
er war noch nicht 24 Jahre alt – eine unbeschreiblich wol-
lüstige Sehnsucht ergriffen habe, katholisch zu werden.
Kleist verwirft diesen Gedanken.
Nicht weniger wollüstig ist schon bald seine Todessehnsucht. Diese verwirft er nicht. Zehn Jahre braucht es, bis
er sie sich erfüllt: knapp 34 Jahre alt.
Katholisch werden oder freiwillig sterben – was für eine
Alternative! Und zehn Jahre Bedenkzeit – welch schmerz-
liche Ironie! Und welch falsche Alternative ...

Feststellung für die Karfreitage
der neunziger Jahre

In der ersten Etage liegt jemand im Sterben. Im Keller ist
ein Wasserrohrbruch, im Dachboden Feuer ausgebrochen,
und im Parterre schreit jemand: Haltet den Dieb! Ich aber
liege in der zweiten Etage, habe Eiter zwischen den Zäh-
nen, Herzstechen und Durchfall ...
Dabei konnte ich schon mit vier Jahren die Zeitung lesen,
bekam mit fünf eine Intellektuellenbrille und stellte mit
sechs Jahren kontinuierliche Interpretationsprobleme bei
einem Goethegedicht fest.
Das hilft mir nun alles nicht. Ich bin halt nicht Jesus. Das
ist es.

Das Kreuz und die Horrortrips

Wir buchen für Sie ein neues Leben, sagt der Prospekt, etwas, das, wenn Sie es durchstehen, aus Ihnen einen neuen Menschen machen wird.

Es ist der Prospekt eines Reisebüros, das ausgewählte Horrorferien anbietet: Übernachten in Gruselschlössern mit Falltüren, Tauchen in haifischverseuchten Gewässern, Mitfahren in Rennwagen, die auf Abgründe stürzen, oder Sich-aussetzen-Lassen auf einer einsamen Insel im Indischen Ozean, natürlich bei knapp bemessenem Wasservorrat.

Wie altmodisch der da, der sein Kreuz auf sich nahm, nicht aus Übermut, Lebensekel und Lebensverachtung, nicht als Horrortrip, nicht aus Zufall und nicht als Katastrophe, sondern um für uns ein neues Leben zu buchen!

Das Leiden abfangen
oder Warum wir den Karfreitag so schlecht packen

Er war nicht bereit zu leiden. Und er spürte, das war genau der Unterschied zwischen ihm und Jesus, den er sich sonst gern zum Vorbild nahm. So quälte ihn nun die Frage, ob jemand Christ sein könne, der nicht bereit sei zu leiden.

Es war, um Enttäuschungen abzufangen, daß er das Leiden umging, wo es nur ging und auch mit List und Tücke, notfalls sogar mit Gewalt. Auf diesen Fall beschränkt und nur auf diesen, schien ihm Gewaltanwendung gerechtfertigt. Das Leiden mit Gewalt vernichten!

Damit es überhaupt nicht dazu kam, dämpfte er zu hohe Erwartungen an Menschen, Dinge und Ereignisse. Zu hohe Erwartungen bringen Enttäuschungen, und Enttäuschungen bringen Leiden.

So wollte er sich wohl freuen, wenn die Freunde kamen, aber nicht traurig sein, wenn sie wegblieben.

Was wohl aus ihm werden wird: ein Abgeklärter, ein Zyniker oder etwa ein Lebenskünstler?

Beim Applaus dann wirklich tot

Jemand sagt zu jemand anderem: Das Leben ist lebendig, und sie wurden sich einig in der Ratlosigkeit. Ja, Solidarität in der Ratlosigkeit. Wenn man sich auf halbem Weg entgegenstirbt, so tröstet das noch immer. Alles Leiden ist Barzahlung. Die uns streicheln, sind Kannibalen. Ach, ginge das nur, auszubrechen in den Ruf: Ich lebe, das ist alles. Es geht nicht. Aber wenigstens eins soll uns nicht noch mal passieren: eine Sterbeszene so glänzend spielen, daß man beim Applaus dann wirklich tot ist.

Der Aufschub der Beerdigung

Lieder umspülen den Glauben. Gedanken klopfen ihn ab. Wie ist es bei dir? Wann hast du zum letzten Mal gesungen, wann das letzte Mal gedacht? Du hattest Vorbehalte, nicht wahr? Ein vollklimatisiertes Abwehrgefühl. Wäre es nicht fair, du würdest, wenn schon nicht den Glauben, deinen Vorbehalt durchdenken?
Wie wäre es mit einem Tauschgeschäft? Ich werde nicht dahinsüßeln, und du versprichst dafür, etwas ergiebiger zu zweifeln. Verstehe doch, der Glaube kann nicht besser sein als der, der jeweils glaubt. Und was ich glaube, ist auch das, wodurch ich glaube.
Christentum als Gegenmaßnahme gegen das Krepieren, und zwar das verkappte, heimtückische Krepieren, wo es krepiert in uns. Wo wir bei lebendigem Leibe innerlich schon längst gestorben sind und nichts geschah, als daß man die Beerdigung aufschob. Das Leben so viel wert wie der Aufschub einer Beerdigung.
Laß Christus wieder an dich heran.

Nimm das Sterben in den Mund

Ich lebe nicht auf einer stillgelegten Geisterbahn, sondern bei Klebstoff, Arzneien, Gläsern, Briefen. Wo in pflichtgemäßem Optimismus gemacht wird und wo man das Leben nach innen lutscht.

Wo ich lebe, sind für mich förderlich: kalkulierte Indiskretionen, feinbemessene Beleidigungen, wohldosierte Kränkungen, unbemerkte Herabsetzung, kulturell verfeinerte Lügen.

Um mich herum wissen immer manche vieles, viele immer manches, und manche ahnen alles. Doch das ändert nichts. Macht übt man aus durch Liebenswürdigkeit. Freundlichkeit dient, andere zu beherrschen. Man lächelt.

Ganz zum Schluß bist du mitangesteckt, mitkorrumpiert, mit im Topf. Doch keine Angst, in den Ruhestand schickt man dich mit einer Ehrenerklärung.

Auf dem Nachruf wird stehen: »Er erfreute sich der allgemeinen Beliebtheit der Belegschaft.« Als käme das Sterben ganz zuletzt. Doch das ist ein Irrtum. Hier setzt das Christsein ein.

Heb dir das Sterben nicht bis zuletzt auf. Pack es früher an, Christ! Zerlege es, seziere es, zerklopfe es, durchwalke es, sterbe den Tod zeitlupenzerdehnt als Kontoristin bei der Beleidigung, als Sprechstundenhilfe bei der Kränkung, als Friseuse bei der Herabsetzung.

Nimm das Sterben richtig in den Mund. Als Imbiß. Weil Christentum nicht Lebenshilfe ist, sondern Überlebenshilfe. In Ewigkeit. Amen. Ja, Amen.

Gestorben werden

Da stirbt jemand in der Verwandtschaft – ganz und gar un-
dramatisch, weil er alt war und seine Lebenskräfte aufge-
zehrt. Das soll nun mitgeteilt werden. Aus dem privaten
Sterben wird etwas Objektiviertes, ein Mitteilungsvorgang.
Wie aber soll der aussehen? Etwas so?:
    Der Mensch ... (Name) ist gestorben.
Das wäre richtig. Aber diese Mitteilung muß von jemandem mitgeteilt werden – jemand stirbt, jemand teilt mit –,
und dieser Jemand hat sich zu erkennen zu geben.
Also nimmt man die Verwandtschaftsbezüge, hinter denen
man sich auch verstecken kann: mein lieber Mann, unser
guter Vater, Schwiegervater, Großvater, Schwager und On-
kel. Denn die Daten allein tun es nicht. Vor- und Zuname,
Geburtstag, Sterbetag. Das ist zu nüchtern und riecht nach
Lieblosigkeit. Also dann doch besser die Umstände: nach
langer, schwerer, selbstverständlich mit Geduld ertragener
Krankheit. Oder soll sogar ein Bekenntnis folgen?
In stiller Trauer, Doppelpunkt. In christlicher Trauer
klingt schon ziemlich bestimmt, den lieben Gott hingegen
an die erste Stelle setzen, entlastend: Gott, der Herr, hat
heute unseren lieben ...
Wenn man stirbt, ist man immer lieb.
Christenmenschen beten neuerdings, wenn sie die unum-
gängliche Mitteilung machen: »Herr, unser Gott, wir danken dir für diesen Menschen, der uns so nahe und kostbar
war und der sein Leben auf dieser Erde nun vollendet hat.
Das, was Glaube in uns ist, ermutigt uns, auf das unver-
gängliche Leben zu hoffen, das du, Gott, in Jesus Christus
versprochen hast.«
Ist das nicht eine pathetische religiöse Ausdrapierung?
Aber vielleicht doch besser als das Pathos klassischer Dich-
tung, die Anleihe bei Goethe, die dann so aussähe:

»Der du von dem Himmel bist,
alles Leid und Schmerzen stillst,
den, der doppelt elend ist,
doppelt mit Erquickung füllst:

Ach, ich bin des Treibens müde,
was soll all der Schmerz und Lust?
Süßer Friede, komm, ach komm in meine Brust!«

Oder etwas Extravagantes wäre, im Namen des Verstorbenen selbst zu sprechen: Unser lieber XX hat uns gebeten, all denen zu danken, die ihm in seinem Leben Gutes erwiesen haben.
Böse, böse, wenn einem so viel Gutes widerfährt, dann scheint das schon das Sterben wert.
Ja, wäre Sterben doch die letzte Lebenstat! Denn inzwischen schlagen wir das Sterben ja zum Tod und nicht mehr zum Leben.
Geräuschlosigkeit, Gestorben werden.
Man stirbt nicht mehr, man geht bloß tot.
Und der Versprecher am offenen Grabe macht nur für einen Moment verlegen: Jetzt lege ich diesen teuren Kranz auf den schönen Toten, äh, jetzt lege ich diesen schönen Kranz auf den teuren Toten.
In allem Ernst: Ich müßte über mein Sterben nachdenken, nicht dann, wenn ich Zahnschmerzen habe, sondern von Glück überrieselt bin. Lebe ich dann nicht viel dichter, viel intensiver? Dann gestalte ich doch mein Leben und stümpere es nicht so herunter. Oder gilt: Besser gut gestorben als schlecht gelebt?

Gotteshunger und Gottestrunkenheit

Die einen lallen vor Begeisterung, wenn sie beten
und können – gottessehnsüchtig und gottbesoffen –
nicht mehr schlafen.
Die anderen sind streng mit sich selbst, wenn sie beten
und stehen in der ersten Frühe auf
– gotteshungrig fastend.
Kann man beides haben,
Hunger haben und Besoffenheit?
Wenn Christentum sich zusammensetzte
aus Leidenschaft und aus Vernunft,
dann wäre es möglich.

Sowohl entweder als auch oder

Der Christ ist ein Mischtyp.
Zwischen Frage und Antwort,
Vernunft und Leidenschaft,
Gott und Mensch,
Engel und Schwein,
Sünder und Heiligem.

Der Christ ist ein Mischtyp
zwischen Himmel und Erde,
gotteshungrig
und gottbesoffen zugleich.

»Im engsten Familienkreis«
Von einer versteckten Verweigerung

Die Bemerkung, die Bestattung habe im engsten Familienkreis stattgefunden, ist oft in Traueranzeigen zu lesen. Um
so häufiger, je vornehmer die Trauerfamilie ist.
Doch so vornehm diese Bemerkung auch erscheinen mag,
letztlich zeigt sie doch menschliche Enge. Die Vornehmheit kommt in einer falschen Art und Weise zustande, indem statt Beerdigung Be-statt-ung gesagt und in der Vergangenheit geredet wird. Die Bestattung hat stattgefunden,
im engsten Familienkreis und natürlich dem Willen dessen entsprechend, der da gestorben ist. Welche Enge! Wer
nicht weit gelebt hat, mit anderen und für andere, der
stirbt eng, nein, der stirbt nicht, der wird plötzlich als ver-
storben gemeldet und ist auch schon bestattet. Die Vornehmheit ruht auf Verlogenheit auf, und sanft ruht sie
dort. Verweigerung, Enge, Verlogenheit, Vornehmheit.
Wie kommt es dazu? Heuchelt doch niemand freiwillig,
und niemand ist ohne Zwang verlogen.

Sie schmunzeln

Was für eine Ansammlung pampiger Menschen, richtig schäbige Leute. Wie sie mit hämischen Mienen grinsen und mit ihrem Hintern alles umschubsen. Denen soll nun auch das Wort Gottes verkündet werden. Wärst du selbst berechtigt für die Schmetterarie: »Ja, das alles, auf Ehr, das kann ich und noch mehr«, es würde dir nichts nützen. Ihre Starrköpfigkeit halten sie für Standhaftigkeit.
Gewiß, sie lassen dich mal sprechen. Du darfst sie befeiern, aber sobald es verbindlich wird, fängt besagtes Grinsen wieder an. Wenn einer von ihnen stirbt, darfst du ihn beerdigen – tote Banausen sind auch nicht besser –, und dann darfst du vom Guten erzählen, vom Guten und nochmal Guten, vom Edlen und Köstlichen und auch vom Christlichen.
Dann passieren manchmal Wunder, und aus dem Grinsen wird vielleicht ein Schmunzeln.
Sie schmunzeln.

Unaustrinkbarer Jesus Christus

Sing ein Sauflied, sing ein Freßlied, sing ein Liebeslied. Plustere deine Backen so richtig auf mit Lebensbrei. Wirf dich mit Händen und Füßen hinein. Wälz dich darin, beschwipst wie im Frühling. Halte es aus, wenn du traurig bist. Biege es nicht ab. Tu nicht so, als müßte alles gelingen. Aber tue Gutes und rede davon. Nimm dir folglich Zeit zum Sterben. Je mehr du dir Zeit zum Sterben nimmst, um so besser schmeckt dir das Leben.
Nachzuschlürfen.
Unaustrinkbarer Jesus Christus.

Das Leben wie eine posthume Ehrenkränkung

Während wir im Sterben liegen, leben wir. Eigentlich sollte es heißen: Während wir im Sterben stehen, leben wir. Die Raffinesse besteht darin, nicht zu gründlich träumen zu wollen.
Das Leben eine stets verbesserte Uraufführung?
Man legt sich die Frage vor wie ein Stück Kuchen.
Doch all die grausamen Spaßmacher, die schönen Judasse hören von uns diesen Rat: Fallt nur methodisch auf euch selber rein, Hauptsache das Leben bleibt am Leben.

Der Ernst des Lebens

»Jetzt fängt der Ernst des Lebens an«, wurde mir gesagt, als ich in die Schule kam. Heute bin ich achtzig Jahre alt und habe diese Worte noch immer im Ohr. Ja, im Ernst, todernst scheint der Ernst des Lebens zu sein. Ich aber sage nein. Ich deklariere die Lage einfach als hoffnungslos, aber nicht als ernst.

Das ist mein Leben. Ich nehme es bewußt in Besitz. Ich lebe es. Jetzt ist es heiß. Ich lebe die Hitze.

Jetzt ist es kalt. Ich stelle mich auf die Kälte ein.

Jetzt bin ich verärgert. Ich bin mir bewußt, verärgert zu sein, damit ich den Ärger nicht weitergebe und ihn bald schon einmal bewältige.

Jetzt bin ich fröhlich und ich bin es nicht nur, ich weiß auch, daß ich fröhlich bin.

Das ist mein Leben. Es darf gelebt werden, auf daß ich von Leben satt sei, wenn's mal ans Sterben geht. So rund und satt und zufrieden wie ein gefräßiges Baby, vollgesaugt und noch mal nachgefaßt und nachgesaugt und vollgesaugt von der Muttermilch Leben.

Jahre hindurch habe ich mir in vielen Augenblicken gesagt: Das ist dein Leben! Und ich habe gelebt, ganz bewußt gelebt. Jetzt aber liege ich hier und es scheint nicht weiterzugehen.

Ja, geboren wird man, das wird einem abgenommen, aber sterben muß man selbst. Aber da so viele Stümper es geschafft haben, sage ich mir, wird es wohl auch bei mir klappen.

Gläubige Zuversicht ist das freilich nicht, eher Stolz – oder?

Bewußt und intensiv – dicht leben!

Sage nicht, daß das nicht zum Leben gehört, sondern bloß zur Lebensvorbereitung: Geld abheben gehen, Mineralwasser und Bier holen, den Ölwechsel vornehmen lassen, die Hose in die Reinigung bringen, die Blumen gießen, die Mülltonne vors Haus stellen, die Haustiere füttern. Das Leben gerät dir sonst zum Karfreitag, wo es doch Advent sein sollte, adventliche Auferstehung.

Die Blumen gieße man mit Bedacht und Andacht, mit Hingabe. Man ist ganz dabei und denkt an nichts anderes. So lebt man intensiv in dem, was man gerade tut. So lebt man im dichten Augenblick.

Das ist jetzt schon dein Leben, wenn du die Schulbank drückst, will sagen, du fängst nicht erst mit dem Schulabschluß an zu leben. Die Lehre ist schon dein Leben und nicht erst der Gesellenbrief. Das Studium ist dein Leben. Sage also nicht, daß es erst mit Diplom und fester Anstellung richtig losgehen wird. Sage nicht, wenn erst die Kinder mal groß sind ... Sage nicht, wenn ich erst mal die Rente durchhabe und viel Zeit für mich, nein, du mußt *jetzt* Zeit für die Blumen haben, für die Hose, die in die Reinigung muß, und du wirst du selber sein – du wirst leben.

Die Grabstätte des Kardinalstaatssekretärs Cicognani

Die Lateiner und, in Nachfolge von ihnen, die Italiener mochten nicht gern in einem Erdgrab bestattet werden. Die Gräber mußten hochgebettet, möglichst von kostbarem Mamorstein umschlossen und mit einer Gedenktafel versehen sein, worauf in hehrer dichterischer Sprache die Verdienste des Verstorbenen kundgetan waren.

In der Krypta der römischen Kirche San Clemente hat dieser Brauch beim Grab des ehemaligen Kardinalstaatssekretärs Cicognani zu einer Kuriosität geführt. Die Grablege dieses Kirchenmannes, der unter Umständen ein Papst geworden wäre, klebt wie ein Schwalbennest unter der Decke. Man geht da drunter hindurch, um eine Tür zu erreichen. Und das ist sowohl theologisch als auch spirituell ganz richtig.

Schweben wir Christen nicht stets zwischen Himmel und Erde? Sind wir doch nicht ganz von hier und noch nicht dort, haben die Füße weder auf der Erde noch den Kopf im Himmel. Ja, wir hängen zwischen allem, wir Christenmenschen: zwischen Himmel und Erde, Theorie und Praxis, Seele und Leib, zwischen Sünder und Heiligem und zwischen Engel und Schwein. Daß wir Schweine mit Flügeln sind, ist eine Unterstellung unserer Gegner, die wir aber zu nehmen wissen, denn indirekt ist sie ein Beweis für die Richtigkeit der Maßnahme, den Sarg eines Christen unter die Decke zu kleben.

Nachsatz: Heinrich Böll, selbst ein Christ, wenngleich ein kirchenkritischer, über die Christen: »Sie wissen, was ein Sünder ist und was ein Heiliger ist, aber was ein Mensch ist, das wissen sie nicht.«

Die letzten Scherze der Sterbenden
... auf daß unser Begräbnis fröhlich sei!

Es hilft zu leben, wenn man über das Sterben nachdenkt.
Da sollte man sich schon etwas einfallen lassen.
Und es fällt einem spontan etwas ein, wenn man in einem
Haus in der Innsbrucker Defreggerstraße in den Stufen der
Treppe versteinerte Ammonitenschnecken entdeckt.
Es war hingegen mehr als ein Einfall, daß Karl V. anord-
nete, in Yuste so unter dem Altar begraben zu werden, daß
der die Messe feiernde Priester mit seinen Füßen genau
über seinem Herzen stehen mußte.
Ein Einfall oder mehr ist auch jene auf dem Campo Ve-
rano in Rom zu findende Inschrift:
Du bist, was ich gewesen bin
und was ich bin, das wirst du sein.
Noch origineller ist vielleicht der Einfall jenes Germanen-
fürsten, der unter einem Fluß begraben sein wollte. Men-
schenfreundlicher allerdings die Anweisung des Herrn von
Ribbeck auf Ribbeck im Havelland, die so lautete: »Ich
scheide nun ab. Legt mir eine Birne mit ins Grab.« Damit
daraus ein Birnbaum wüchse für den Fall, daß Kinder auf
den Friedhof kommen.
Der Einfall eines englischen Lords, Raucher aus Überzeu-
gung, sich alle Pfeifen auf den Sarg nachwerfen zu lassen,
ist auch nicht von schlechten Eltern. Wie wäre es, wenn
alle deutschen Schriftsteller sich wenigstens ein Exemplar
eines jeden Werkes ins Grab nachwerfen ließen?
Originell, menschenfreundlich und christlich zugleich
hingegen ist die Inschrift auf dem Grab eines Abtes zu
Mondaye in der Normandie: Vorübergehender, der du das
liest, wisse, der hier liegt hat nicht aufgehört zu leben, sondern aufgehört zu sterben.

Der heutige Standort des Kreuzes Christi

Versuch einer Neuvermessung

Unser Umgang miteinander

Oh, was bin ich klug geworden!
Um einen Konflikt zu lösen, schlage ich schon lange nicht mehr auf den Tisch. Höchstens reiße ich für kurz die Augen auf. Ich habe mir auch abgewöhnt, die Dinge beim Namen zu nennen, sondern spiele das subtile Spiel der Ironie mit.
Die Ironie regiert! Man muß die Komödie mitspielen, ganz egal, ob es sich um eine Schmierenkomödie handelt oder um eine Seifenoper.
Wenn alle das Spiel mitspielen, dann geht es.
Wenn alle schummeln, dann geht es.
Wenn alle so tun, als ob sie so täten, dann geht es auch, aber wehe, jemand wird ohne Vorwarnung plötzlich ehrlich! Den schlagen sie glatt ans Kreuz!

Wer, zum Teufel, hat das Kreuz erfunden?
Zu Lk 9,23–25

Jesus sagt, daß wir unser tägliches Kreuz auf uns nehmen sollen. Unser tägliches Kreuz oder das Kreuz täglich? Unser tägliches Kreuz wie das tägliche Brot?
Ja, wir wissen es nur zu gut: Das Kreuz ist ein Teil unseres Lebens. Nicht, weil der Schöpfer des Lebens ein Sadist wäre, nicht, weil ihm bei der Schöpfung ein Konstruktionsfehler unterlaufen wäre, sondern weil das Kreuz eine urmenschliche Erfindung ist. Jesus hat das zu spüren bekommen.
Das Kreuz ist eine Erfindung des Bösen, das in uns ist, eine Frucht der Sünde, wie man früher gesagt hätte. Wäre es nur der Preis, den wir für unsere Freiheit zu zahlen haben, dann wäre es ein Nebenprodukt unserer Freiheit, schlimmstenfalls ihr Abfallprodukt. Es wäre dann eine unerwünschte Nebenwirkung von etwas, das uns unmäßig Freude macht, wie der Kater nach üppigem Gelage oder das Sodbrennen nach üppigen Malzeiten.
Nein, leider, das Kreuz ist mehr.
Das Kreuz hat der Mensch erfunden. Jeder von uns hätte es erfinden können.
Darum heißt Kreuztragen nichts anderes als die Konsequenzen tragen von dem Bösen und Schlechten, das durch uns Menschen geschieht. Darum muß ich beim Kreuztragen – sollte es mir wirklich zugemutet werden – nicht traurig sein oder unglücklich. Ganz im Gegenteil: Eine schweigende, eine ruhige Freude darf mich erfüllen, weil tun, was konsequent und notwendig ist, mich mit ihm vereint: dem großen Kreuzträger der Menschheit.

Der Knüttel-Knüppel-Schüttel-Reim

Täuschen wir uns nicht, die Krippe und das Kreuz sind aus demselben Holz geschnitzt. Und Krippe und Kreuz reimen sich nicht zufällig als: Christus – Krippe – Kreuz.
Christus – Krippe – Kreuz, das ist ein Stabreim, weil über Christus der Stab gebrochen wurde – stellvertretend für uns. Der Stab des Kreuzes.
Nein, es war schon kein Stab mehr. Es war ein echter Knüppel. Der Knüppel aus dem Sack allen Hasses, allen Zorns, aller Wut.
Er, der damit gedroschen wurde, hat allen Haß und Zorn der Welt auf sich gezogen. Der Knüppel – täuschen wir uns auch ein weiteres Mal nicht – ist noch immer vorhanden, doch aufgebraucht sein sollte aller Haß, der ihn zum Dreschen brächte.

Aus welchem Holz war das Kreuz Christi?

Ob man das weiß oder nachträglich ermitteln kann? Welche Bäume in Palästina waren am stabilsten, den Körper eines Menschen zu tragen für den grausamsten Tod, den Menschen je für Menschen ersonnen haben? Stundenlang hängt der Mensch da, es schnürt sich ihm der Brustkorb zusammen, Herzbeklemmung bekommt er, und langsam erstickt er. (Forscher nehmen an, daß die Todesvollstreckung durch Kreuzigung aus dem persischen Raum stammt.)
War das Kreuz Christi aus Holz von einem Obstbaum? Diese Frage klingt skandalös. Aber im Ernst: war das Kreuz nicht ein früchtetragender Baum?
Wurde Christus auf einem Weinstock gekreuzigt, er, der Keltertreter, der uns den Wein des Festes bereitet, damit das Leben gefeiert werden kann?
Nein, ihr Christen, das Holz des Kreuzes war härter. Nicht auf einem Zierstrauch ist Christus gekreuzigt worden.

Neuvermessung

Den Standort des Kreuzes für die heutige Zeit bestimmen?
Ist das notwendig?
Er ist kein geographischer Ort wie weiland Golgatha. Aber
wenn man neu vermißt, dann ist es ziemlich genau die
Mitte zwischen zwei Redensarten, zwischen: »Der kann
mich mal kreuzweise« und: »Der ist aber kreuzbrav«.
Was zugleich auf die Wichtigkeit des Kreuzes zurück-
schließen läßt. Denn es verbindet beide Seiten, links und
rechts, oben und unten. Es ist ver-bindlich. Es ist eine
Kreuzung, in die alle Richtungen zusammenlaufen.

Es könnte passieren, liegt im Bereich des Möglichen, daß
Christen noch einmal ans Kreuz gehängt werden. Und
wenn schon nicht das, aufs Kreuz gelegt werden.

Erwidern wir darauf, was wir wollen. Nur nicht: Ihr könnt
uns mal kreuzweise.

Von der Bereitschaft zu leiden

Eine Erwägung für Leute, die weder besondere
Masochisten noch besondere Sadisten sind
Zu 2 Tim 1, 8

Sei bereit, so schreibt Paulus an seinen Schüler Timotheus,
mit mir für das Evangelium zu leiden.
Beide leiden also für das Evangelium, und sie wissen es
von vornherein. Es ist nicht wie bei uns heutigen Christen, die wir nachträglich unser Leiden taufen.
Es wäre aber schön, wenn das, was wir sowieso im Leben
zu leiden haben, einen Sinn bekäme, einen Nutzen hätte
für irgend etwas Gutes, womöglich für das Evangelium.
Die Christen früher opferten ihr Leiden auf und verwan-
delten es dadurch – religiöse Alchimie? Doch offenbar
kann man vieles leiden und vieles ertragen, wenn es nur
einen Sinn hat. Den Gedanken zu hätscheln, man leide
unschuldig, den verbiete man sich besser. So wie wir uns
bewegen, sind wir nie unschuldig, bestenfalls schuldlos.
Was also hindert uns zu ergänzen, was an den Leiden Christi fehlt?

Wenn die Wahrheit nicht mehr wahr ist,
die Freiheit nicht mehr frei macht
und das Leben nicht lebendig ist,
was dann?

Das ist, als hätte man dich zum Tode verurteilt
und bäte dich nun auch noch, dich selbst hinzurichten.
Das aber kann man nur von jemandem verlangen,
der auch wirklich sterben will.
Du aber willst, daß das Leben am Leben bleibt.

Die Welt als Kreuzworträtsel

Die Welt ist ein Kreuzworträtsel, knifflig, schwierig, vertrackt. Die Lösung aber liegt in diesem Rätsel selbst. Es ist
das Kreuzwort, das Wort vom Kreuz.
Jesus Christus heißt das Lösungswort. Je-sus Chri-stus, das
geht auf, das paßt, Silbe für Silbe.
Gefährlich wäre es nur zu meinen, ab jetzt könne uns die
Welt mal ...
kreuzweise ...

Verkehrt nur an Sonn- und Feiertagen

Wenn es im Jahre 2001 noch die Sendung »Heiteres Beruferaten« im Fernsehen geben wird, dann könnte es passieren, daß dorthin einmal ein Priester kommt, als Erkennungszeichen den Segen in Kreuzesform erteilt und daß sein Beruf dennoch nicht erraten wird.
Immerhin bewahrt die Bundesbahn in ihren Fahrplänen *das Kreuz*. Es bedeutet: Zug verkehrt nur an Sonn- und Feiertagen.

Wie dein Sonntag, so dein Todestag

Mit diesem Slogan haben wir Priester unsere braven Katholiken verrückt gemacht. Es ist noch gar nicht so lange her. Inzwischen taugt ja der Sonntag nichts mehr, und diesen Slogan wieder hervorzuholen, hätte eine gewisse Berechtigung. Er schafft vielleicht Nachdenklichkeit. Man muß ja nicht gleich so pessimistisch werden wie der junge Student Schopenhauer, der bei seinem Besuch des Dichters Wieland bemerkte: »Das Leben ist eine mißliche Sache: Ich habe mir vorgesetzt, es damit zuzubringen, über dasselbe nachzudenken.«

Erfahrung will Erwartung fressen

Zugegeben, zu uns Christen, uns heutigen Christen will das Osterfest nicht so recht passen. Auch die weihnachtliche Rührung paßt nicht mehr so recht. Und seit unsere Nationalfarben nicht mehr dunkel, schwarz und finster sind, paßt auch nicht mehr der Karfreitag.
Zu uns Christen des ausgehenden 20. Jahrhunderts paßt am besten der Karsamstag, der Kampftag zwischen Erfahrung und Erwartung.
Aber wenn dies eingestanden ist, dann darf auch gesagt werden, daß wir derzeitigen Christen nicht wie einige Zeitgenossen die heiße Kartoffel Leben kaltblütig fallenlassen und daß wir notfalls eben nicht mit unserem dicken Po auf dicken Po fallen werden.
Den Karfreitag möchten wir schon gerne umgehen, aber den Karsamstag, den halten wir aus. Wie schon gesagt: Er paßt so gut zu uns.

Zum Karsamstag

... unerfüllte Sehnsucht,
bloßgelegte Leere ...
ungelebtes Leben.
Selbstbezichtigung, Traurigkeit.
... aber auch Stolz, Unberührbarkeit,
Würde, geadelt durch Wunden
und wieder Verletzlichkeit, geheimnisvolle ...
und Ehrlichkeit als Grausamkeit ...
... das Leben wie eine flüchtige
Zärtlichkeit ...

Kannst du mir sagen, warum, warum nicht?

Warum lacht man?
Warum weint man?
Warum liebt man?
Warum haßt man?

Warum lebt man?
Warum stirbt man?

Warum lacht man nicht?
Warum weint man nicht?
Kannst du mir sagen,
warum? Warum nicht?

Warum glaubt man?
Warum leugnet man?

Lebt man, weil man liebt,
und stirbt man, weil man liebt?

Der Mensch,
seine Größe liegt darin, daß er sprechen kann
und nicht nur Verständigungslaute austauscht mit seines-
gleichen.

Der Mensch,
seine Größe liegt darin, daß er ein Gewissen hat
und sich ein Gewissen daraus macht, wenn böses durch
ihn geschieht.

Der Mensch,
seine Größe liegt darin, daß er fähig ist, sich selbst
infrage zu stellen – sich selbst Frage zu sein.

Der Mensch,
seine Größe liegt darin, daß er vorher weiß,
daß er einmal sterben wird und Ewigkeit ersehnt.

Der Mensch,
seine Größe liegt darin, daß er lachen kann –
über sich selbst, sein Leben und den Tod.

Der Mensch.

Das Lebenswort und die Sterbenswörtchen

Wir danken dir, Gott aller Menschen,
für Jesus, dein Lebenswort,
das von dir zu uns spricht,
anspricht gegen all unsere Todesworte,
ja gerade dann zu uns spricht, wenn wir
kein Sterbenswörtchen mehr herausbringen.

Wir danken dir, Gott aller Menschen,
für Jesus, dein Lebenswort.
Denn er hat von uns Menschen
Fleisch und Blut angenommen,
unser Lachen und Weinen,
unseren Namen und unser Antlitz.

Wenn er wiederkommt in Herrlichkeit und das heißt
doch in der Wahrheit seiner Liebe für uns,
dann werden wir endlich erkennen,
wer wir eigentlich sind
und wie glücklich wir sein werden
mit ihm.

Auferstehung, nicht Wiederbelebung

Zum hochheiligen Osterfest

Auferstehung, nicht Wiederbelebung
Zu Lk, Kap. 23 und 24

Dieser Jesus ist wirklich gestorben,
und zwar nicht so, daß er bei sich gedacht haben könnte,
na ja, das mußt du jetzt hinter dich bringen,
das wird zwar ziemlich wehtun, aber in drei Tagen ist alles
vorbei und du wirst auferstehen.
Nein, die Auferstehung war keine ausgemachte Sache.

Davon konnte Jesus nichts wissen, darauf konnte er nur
hoffen. Wäre alles ausgemacht gewesen, dann wäre auch
alles abgekartet gewesen und Auferstehung zu billig.
Auferstehung wäre dann nur ein untauglicher Wiederbele-
bungsversuch, nicht aber eine Neuschöpfung Gottes.

(Dann hätte eher der Spötter Voltaire recht, als er der
Madame Du Deffand schrieb:
»Ich beschwöre Sie, Madame, das Leben auszukosten, das
wirklich wenig ist, ohne den Tod zu fürchten, der nichts
ist.«)

Gott spielt auf dem Friedhof
nicht Blinde Kuh

Du fragst mich,
was Auferstehung ist, Junge.
Das ist keine Frage wie
zwei und zwei sind vier,
sondern so,
als würde ich dich fragen,
warum du auf der Welt bist
oder wer du eigentlich bist.
Du brauchst ein ganzes Menschenleben,
um das auszuprobieren
und ein ganzes Christenleben,
um zu erspüren,
was Auferstehung ist.
Nur so viel vielleicht.
Gott macht nicht Auferstehung,
um zu demonstrieren,
daß er auch das kann ...
so im Sinne von ...
schaut mal her Menschen.
Dann hätte er auf dem Friedhof
Blinde Kuh spielen
und einen x-beliebigen Toten
auferwecken können.
Wenn wir aber bedenken,
daß er gerade diesen Jesus auferweckt
als brüderlichsten Menschen von allen,
dann sind wir der Beantwortung deiner Frage
ein Stück näher gekommen.

Weiterdichten

»Wär Christus tausendmal in Bethlehem geboren und nicht in dir, du bliebst doch tausendmal verloren.«
Angelus Silesius hat so gedichtet – zu Weihnachten.
Wie müssen wir nun zu Ostern dichten?
Wer kann sich auf Ostern einen Reim machen?
Wär Christus tausendmal in Jerusalem auferstanden und nicht in dir ...
Hier muß jeder selber weiterdichten.

Durch Liebe neu geschaffen

Wir haben uns selbst nicht gezeugt. Wir wurden geschaffen. Unserem großspurigen Gebaren nach muß man allerdings zu dem Eindruck kommen, als hätten wir uns selbst gezeugt. Darum verstehen wir Ostern so schlecht, begreifen nicht, daß Gott, als er Jesus vom Tod auferweckte, mit der Schöpfung noch einmal neu ansetzen wollte.
Auch wir könnten neu beginnen, doch auch bei der Liebe tun wir so, als hätten wir sie selbst gemacht. Osterglaube dagegen ist das Gespür, daß wir uns selbst zwar nicht zeugen, wohl aber gegenseitig (neu) zur Welt bringen können.

Gibt es ein Leben nach dem Tode?
und
Gibt es ein Leben vor dem Tode?

Ein Leben nach dem Tode, warum soll es das nicht geben?
Nur weil das in mein kleines Köpfchen nicht hineingeht?
Wenn ich schon nichts getan habe, um in dieses Leben
hineinzukommen und vorher nichts davon wußte, warum
soll ich nicht noch einmal mit einem Leben beschenkt
werden, von dem ich jetzt nichts weiß, außer daß es jemand versprochen hat, der aber dafür geradestand auf einem Kreuz?
Schon allein deswegen in den Himmel kommen wollen,
um mit Goethe reden zu können oder besser noch mit
Kleist: das allein wäre schon lohnenswert. Manche mögen
vielleicht lieber Hannibal sehen wollen oder Napoleon.
Andere Hippokrates und Robert Koch.
Diese Aussicht bewegt dich nicht? Hast du da niemanden,
den du sprechen möchtest? Deine Vorfahren, deine Ur-
ahnen – all jene, die etwas dazutaten, auf daß du wurdest,
würdest du die nicht gern sehen wollen?
Der Himmel muß doch wahnsinnig spannend sein, wenn
ich mein Leben als Ganzes überschaue und auch das er-
blicke, was in mir steckte. Wie's gewesen wäre, wenn ich's
geworden wär.
Das Mögliche zu sehen ...
Ja, wie wär' es gewesen, hätte ich den Beruf des Tischlers
ergriffen statt Studienrat zu werden oder Tierarzt statt
Pfarrer?
Und dann der Gedanke, alles voneinander zu wissen, ohne
sich schämen zu müssen. Das ist der himmlische Unterschied: sich nicht schämen zu müssen. Kino im Himmel,
wo wir von einander die Lebensfilme sehen und himmli-
sches Gelächter den Saal erfüllt.
Die Konsequenz ist: Um im Himmel etwas zeigen zu können, sollte man auf dieser Erde schon gelebt haben ...
Ich will also gern an den Himmel glauben und das ewige

Leben. Denn wenn ich als Lehrer sehe, mit welcher Inbrunst meine Schüler an die Existenz der grünen Männ-
chen aus dem Weltall glauben – mit mehr Inbrunst kann
nicht einmal der Heilige Vater in Rom an Gott glauben –,
wenn ich also sehe, wieviel Glaubenskraft da vorhanden
ist, brachliegt oder irregeleitet wird, dann möchte ich doch
an den Himmel glauben.

Neuerdings sind weniger die grünen Marsmännchen das
Problem, sondern Satan in Person. Ein gänzlich schwarz ge-
kleideter Schüler zweifelt nicht an der Existenz Satans. Im
Gegenteil, er glaubt daran. Denn für ihn ist der Satan das
beste Erklärungsmuster für das, was bei uns passiert. Alles
ist korrupt, sagt er, der Schwarzgekleidete: die Schule, die
Politik, die Gewerkschaft, der Sport, die Kirche. Die Wirt-
schaft und Industrie und der Handel sowieso. Satan regiert. So wie wir miteinander umgehen, zum Beispiel auch
auf den Straßen und Autobahnen, ist das der beste Beweis
für Satans Existenz und Herrschaft.

Und wenn ich das höre, komme ich mir wieder zaghaft
vor mit meinem Glauben an Gott und an ein Leben nach
dem Tode. Aber ich kaufe das dem Jesus ab. Denn dieser
Glaube ist sein Glaube. Und er gehört nicht zu denen, die
die Menschen verrückt machen, eine Utopie absetzen und
dann abhauen. Daß er gerade stand, daß er blieb, daß er
auf einem Kreuz geradestand, das ist entscheidend.

Ich glaube auch an das ewige Leben, weil ich für dieses Leben nichts getan habe, um hineinzukommen. Ich habe
mich nicht selbst gezeugt, auch wenn ich manchmal so
tue. Und so sollte ich dieses Leben nicht herunterstüm-
pern, die fünfzig, sechzig oder siebzig Jahre, die ich hier
zur Verfügung habe.

Denn ebenso wichtig wie die Frage:

Gibt es ein Leben nach dem Tode?

ist die Frage:

Gibt es ein Leben vor dem Tode?

Verdienen die Stümpereien, die wir hier betreiben den
Namen »Leben«?

Oh, ich predige, ich bequatsche mit Begeisterung mich
selbst und euch. Doch mein Leben, mein Lebensglück,

sind das nicht die Menschen, mit denen ich mich vertraut
gemacht habe und die ich glücklich machen soll?
Das ist wohl noch immer das beste Rezept, andere glücklich zu machen, indem man selber glücklich ist.
Dann steckt das Verlangen nach Ewigkeit nicht im Glück
selber drin? Gibt es also ein Leben nach dem Leben?

Letzte Trumpfkarte

Unser Neunhundertneunundneunzigsassa,
ihr werdet es nicht glauben,
glaubte an ein ewiges Leben.
Denn, so sagte er sich,
ich hätte auch genauso gut
nicht da sein können,
alles liefe weiter,
auch ohne mich.
Wenn ich also schon nichts getan habe,
um in dieses Leben hineinzukommen
und vorher nichts davon wußte,
ja darin sogar entbehrbar bin,
warum sollte mir dann nicht noch einmal
ein Leben geschenkt werden,
von dem ich jetzt nichts weiß?
Nur weil das in mein kleines Köpfchen
nicht hineingeht,
darum soll es das nicht geben?

Die Auferstehung steht
in meiner Gewalt

Es hängt von mir ab, ob dieser Jesus auferstehen kann oder
nicht.
Auch wenn er sich noch so anstrengt, er kommt nicht aus
dem Grab, wenn ich es nicht will.

Könnte es nicht sein, daß er mir als Toter sehr viel besser
in den Kram paßt – als Mundtoter zumal?

Wenn ich es nicht will, dann kommt der nicht raus aus dem
Grab; dann bleibt der mundtot und mausetot, und es ist
wahr, so paßt er mir besser in den Kram, besser als einer, der
sich in meinem Leben erhebt, aufsteht und aufersteht.

Die Auferstehung steht.
Nein, sie steht nicht. Sie hängt.
Sie hängt von mir ab.

Vor Wut auferstehen

Was Krepieren heißt, das wissen wir nur zu gut. Schließlich stirbt man jeden Tag ein paarmal. Wem muß man da
noch erklären, was das ist?
Was aber Auferstehung heißt, das wissen wir nicht?
Beginnt sie nicht mit dem Aufspringen vor Freude und vor
Zorn? Daß das andauernde Krepieren uns so zornig gemacht hat, daß wir schon vor lauter Wut auferstehen wollen!
Auferstehung fängt an mit dem aufrechten Gang. Denn
wenn Sterben etwas Alltägliches ist, dann nicht auch die
Auferstehung?
Daß es Nacht gibt, setzt den Tag voraus. Daß es Kälte gibt,
die Wärme. Schmerz läßt auf Lust schließen. Doch daß es
den Tod gibt, das läßt nicht auf Auferstehung schließen?

Ein Regenschirm, ein Frühstückskorb
Von der mühsamen Suche nach Bildern für Ostern

Ihr glaubt ja nicht das, wofür ihr betet, herrschte ein Land-
pfarrer die Leute an, die er nach entsetzlich langer Trok-
kenheit zu einem Bittgottesdienst um Regen zusammenge-
rufen hatte.

Die Leute waren ohne Regenschirm zur Kirche gekommen.

Was ist bei uns der Regenschirm, ohne den wir zur Kirche
kommen?

Wenn man allerdings bedenkt, wie in den Anfängen des
Christentums die Frauen zum Grabe Jesu gehen ...

Markus erzählt davon am Schluß seines Evangeliums. Sie
haben nicht nur keinen Regenschirm mitgebracht, sondern geradezu das Gegenteil davon: Einbalsamiersachen
für einen Toten statt eines Frühstückkorbs für den Leben-
digen. Schließlich glaubten die ja noch nicht, daß die Auferstehung eine Sache für den Geist sei, sich im Geiste der
Jünger abspiele, vor allem nur dort sich abspielen könne.

Wenn aber mein Wohnzimmer ein Sarg ist und mein Haus
ein Grab, ja, ja, ich übertreibe, dann ist Auferstehung im
Geiste doch schon ziemlich viel: ein Schirm. Oder eben
aber, in dem anderen Bild zu sprechen: ein Frühstücks-
korb.

Herzhaftes Grinsen, ewiges Leben

Wie die alten Ägypter, so waren auch die alten Peruaner
geschickte Einbalsamierer. Im Unterschied zu diesen setz-
ten sie ihre Mumien genau in der Stellung bei, die ein Em-
bryo im Leib seiner Mutter einnimmt.
Was wollten sie damit nur ausdrücken?
Nichts anderes, als daß der Tod als Wartezeit begriffen
wird für ein neues Leben. Und so ist es nicht verwunder-
lich, daß im Universitätsmuseum Cuzco eine Inka-Mumie
gezeigt wird, die grinst, und zwar herzhaft.

Ostern ist dann gekommen,
wenn man *gemeinsam* darüber lachen kann,
worüber man drei Tage zuvor (der dritte Tag!)
getrennt voneinander geweint hat.
Denn Lachen und Weinen,
wiewohl beide nahe beieinander wohnen,
muß man in großer Sorgfalt voneinander trennen.
Sonst mißlingt das Leben.
Schließlich gehen wir miteinander ja nicht
auf die Toilette,
wiewohl wir miteinander speisten.
Das Weinen gehört also zum Lachen
wie der Stuhlgang zur Speiseaufnahme.
Und der Tod ist nicht mehr als der Stuhlgang.
Er darf ausgelacht werden. Es darf herzhaft
gegrinst werden.

Osterfeuer und Christbaumschmuck
Zu den Verrücktheiten unseres Vetters

Unser Vetter tut sich hervor durch stets ausgefallene Ideen. Bei seinen Freunden bittet er immer um Ableger von den Blumen, die er bei ihnen auf der Fensterbank entdeckt. Aus den Trieben zieht er neue Pflanzen, denen er dann die Namen ihrer Herkunft gibt. Das ist dann die Hildegard- oder Friedhelm-Gedächtnispflanze oder wie sonst noch seine Freunde heißen mögen.

Zu Weihnachten verfährt er ähnlich. Doch hier fragt er nicht. Er nimmt vielmehr, ohne daß es bemerkt wird, eine Christbaumkugel oder einen Stern vom Weihnachtsbaum ab und hängt dies zu Hause an seinem Baum auf. Wenn das Jahr darauf die Freunde Weihnachten zu Besuch kommen, führt er sie vor den Christbaum und ergötzt sich an deren fröhlichen Überraschungsschreien: Oh, so eine Kugel haben wir auch zu Hause. Mit einem satten Lächeln stärkster symbolhafter Befriedigung und einem Augenzwinkern zu Frau und Kindern hin, sagt er dann: Ja, das ist ja auch die Annika-Gedächtniskugel!

Lange suchte er für Ostern nach einem originellen Einfall und fand offensichtlich keinen, bis wir ihn dabei ertappten, wie er das Feuer aus der Osternacht mit nach Hause nahm: in einem eigens dafür hergerichteten Behältnis. Vor dem Gang zur Kirche hatte er den Gasboiler abgestellt und er entzündete ihn nun neu mit dem Osterfeuer, um sich ein Jahr lang an dem heißen Wasser zu freuen. Ja, unser verrückter Vetter ...

Von wegen verwegen
oder Das Trotzdem vom Umsomehr

Verwegen schien ihm sein Wunsch
weswegen
Auferstehung möglich sein möge.
Von wegen verwegen.
Deswegen:
er wollte all seine Vorfahren sehen,
all die, von denen er abstammte,
seit Menschheitsbeginn,
nicht bloß
seit Menschheitsgedenken.
Er wollte möglichst viele Wahrheiten
aus dem Teppich des Lebens herausklopfen,
auch wenn die katholische Kirche zur Zeit
kein Sonderangebot macht.
Und deutlich zu leben, wünschte er.
Das Leben selbst erschien ihm als das
allerungleichzeitigste.
Auferstehung als das Trotzdem vom Umsomehr.

Gegen eine »Geschlossene Gesellschaft«
Zu Joh 20, 19–23

> Schließt die Kirche auf!
> Für eine aufgeschlossene Kirche.
> Für eine offene Kirche.

»... als die Jünger aus Furcht hinter verschlossenen Türen zusammen waren, kam Jesus, trat in ihre Mitte und sagte zu ihnen: Friede sei mit euch!«
Friede, das ist das Schlüsselwort.
Friede, das ist der Passe-partout für die Panzerschränke unserer Rückversicherungen. Friede, das ist der Schlüssel.
Haben wir, die Jünger von heute, diesen Schlüssel verloren, da man uns aus erneuter Furcht wieder hinter verschlossenen Türen beisammen sieht?
Die Kirche als »Geschlossene Gesellschaft«?
Wahrhaftig, die Friedlosigkeit scheint der Grund zu sein für unsere Verschlossenheit. Darum schließt die Kirche auf! Für eine aufgeschlossene Kirche! Für eine offene Kirche!

Über das Eintreten von Türen
Zu Joh 20, 19

Die Jünger sind aus Furcht hinter verschlossenen Türen versammelt. Kriegerisch muß ihnen der Auferstandene die Tür eintreten, so kriegerisch, daß er sie anschließend beruhigen muß: »Friede sei mit euch!«
Wie dynamisch muß der Friede sein bei einer derartig geöffneten Tür! Und wie ist das bei uns, den Christenmenschen von heute? Wir werden doch nicht behaupten wollen, daß Jesus bei uns offene Türen einrennt?

Der Glaube an Zweifel
oder nichts anderes zu tun haben als zu leben ...

Christentum ohne Auferstehungsglaube?
Zu 1 Kor 15, 12–58

Unter meinen Freunden gibt es jemanden, der von sich sagt, daß er Christ sei, der aber nicht an die Auferstehung der Toten glaubt. Selbst ohne Totenauferstehung ist für ihn der christliche Glaube in sich stimmig, wohlbegründet und harmonievoll. Und er bezieht sich auf das Wort Jesu: »Liebt einander, wie ich euch geliebt habe!« Solche Liebe zu verwirklichen, das wäre schon viel.

Wer nicht an Gott glaubt, der kann kein Christ sein. Das wäre ein Widerspruch in sich selbst wie hölzernes Eisen oder trockener Regen, wie etwas, das zugleich ist und nicht ist.

Wer nicht an die Auferstehung glaubt, der darf ein Christ sein? Von meiner Großzügigkeit hängt das nicht ab und – der Mann, der ist mein Freund. Ich stelle mich darauf ein, immer häufiger Menschen zu begegnen, die auswählen, was sie vom Christentum annehmen und was sie verwerfen wollen. Und zugegebenermaßen – bei manchen fällt die Auswahl ziemlich willkürlich aus. Genauso willkürlich, genauso zufällig, wie man lebt. Aber sollte es uns Christen nicht freuen, wenn auch nur etwas Geringes von der Botschaft Jesu verwirklicht wird?

Paulus indes sah das strenger. Wenn es keine Auferstehung der Toten gibt, dann ist unser Glaube umsonst und unser Elend größer als das aller anderen Menschen.

Der Glaube einer französischen Tierärztin
Für Bénédicte Grimard

Du glaubst nicht an die Auferstehung Christi, sagst du. Du kannst einfach nicht daran glauben. Aber du glaubst an die Zweifel des heiligen Thomas und zweifelst nicht an dessen Heiligkeit. Du siehst dich selbst wie den ungläubigen Thomas durch die Straßen gehen und auf die Hände und Füße der Passanten schauen, um auch nur die geringste Spur von Wundmalen auszumachen.
Was soll ich dir antworten?
Nobel scheint mir, wer dies tut, und er kann es wohl so ganz ohne Glauben nicht tun. Wenigstens nicht ohne den Glauben an Zweifel.

Hauche mich mal an!
zu Joh 20, 19–23

Hauche mich mal an, sagt der Jünger zum Auferstandenen. So wie man im klirrestarren Winter klamme Finger anhaucht. Denn der Jünger weiß, daß Gott am Schöpfungsmorgen Adam, den Erdling, angehaucht und ihm so das Leben eingeblasen hat. Von der Geburt bis zum Tod braucht sich der Mensch darum nicht mehr um das Atmen kümmern. Er wird geatmet.
(Wie ganz anders ist das doch bei den sonstigen Lebewesen, zum Beispiel den Delphinen.)
Und er wird neu geschaffen, der klamme Erdenkloß Mensch, erwärmt vom Atem des Auferstandenen.
Jesus, hauche auch mich einmal an!

Vernünftige Zweifel
und richtig gestellte Fragen
Zu Joh 20, 19–31

Thomas, da wir zweifeln, bist du unser Mann.

Mit dir im Bunde wissen wir, daß Zweifel haben nichts Unanständiges ist, daß man sich seiner Zweifel nicht zu schämen braucht.

Sei also der Patron der Zweifler, Thomas, weil es einen Patron der Feuerwehrmänner schon gibt. Hilf uns zu zweifeln, denn unsere Zweifel sind unvernünftig. Wir werden noch so weit kommen zu zweifeln, ob es uns überhaupt gibt oder ob wir das vielleicht bloß träumen. Schließlich kann man an allem zweifeln, und das tun wir auch – ausgiebig.

Das alles wäre noch nicht so schlimm, gäbe es neben unvernünftigen Zweifeln nicht auch so viele falsch gestellte Fragen. Ja, unsere Fragen sind falsch, und wir zweifeln unvernünftig, zweifeln unqualifiziert.

Hilf uns, Thomas, ergiebiger zu zweifeln, schenk uns vernünftige Zweifel oder besser noch die Unterscheidungskraft zwischen vernünftigen und unvernünftigen Zweifeln!

Sag uns, Thomas, ist das ein vernünftiger Zweifel, noch an der Tatsache zu zweifeln, daß man zweifelt? Das aber tun wir – ausgiebig.

Schenk uns also die Unterscheidungskraft zwischen vernünftigen und unvernünftigen Zweifeln. Die haben wir genauso nötig wie das Wissen, daß zunächst einmal nicht die Beantwortung von Fragen das wichtigste ist, sondern die Richtigstellung von Fragen.

Und richtig gestellte Fragen und vernünftige Zweifel, Thomas, hängt das nicht miteinander zusammen?

Besser ein frommer Heide
als ein schlechter Christ?
Zu Joh 20, 19–31

Ist sie nicht eine Ehrenrettung der Zweifler, die *Thomasgeschichte* im Evangelium? Wenn ja, dann scheinen das einige superüberzeugte Christen vergessen zu haben, sie, die wieder gern triumphalistisch ihre Rechtgläubigkeit und ihre Gewißheiten feiern. Sie sind auch nicht nur einige, nein, es gibt sie wieder in stattlicher Anzahl, sie, die ein Halleluja nach dem anderen aus sich herausschmettern. Jeden Mittwochabend kann man sie in der Pariser Kirche St. Germain-des-Prés dabei beobachten, wenn man schon nicht mitmachen will. Doch die weniger überzeugten Christen fragen angesichts dieses Spektakels bange: Ist das noch Gotteslob oder nicht schon Lob des Lobs? Hat sich das nicht schon losgelöst und verselbständigt? Vor allem aber fühlen sie sich eingeschüchtert von so viel Gewißheit. Und einen von diesen zweifelnden Christen hörte ich sagen: Vor diesen Leuten ist es für mich günstiger, mich als Nicht-Christ zu bezeichnen, der dem Christentum wohlwollend gegenübersteht, als mich als zweifelnder Christ zu bekennen. Bekenne ich mich vor ihnen als zweifelnder Christ, so werden sie mich bedrängen und angreifen und vielleicht hinausdrängen, während sie mich als erklärten Nicht-Christen hofieren und geschmeichelt sind, wenn ich dem Christentum Wohlwollen zolle. Es bekommt mir besser, ein Nicht-Christ zu sein als ein schlechter Christ, an dem nur herumgenörgelt wird.
Unter Christen ist der Umgang tatsächlich schwer geworden mit denen, die nicht zulassen können, daß ihre Antworten wieder zu Fragen werden und ihr Angekommensein wieder zu einem neuen Aufbruch. Sie können nicht sehen, daß der Stoff, aus dem wir gemacht sind, Jubel und Zweifel sind. Sowohl als auch. Et – et. Unvermischt und ungetrennt in zwei Naturen.

Einem Spielsüchtigen das Spiel verderben: ein wohlgefälliges Werk?

Zur neutestamentlichen Botschaft von der Auferstehung

Er ist ein Spieler. Er ist spielsüchtig.

In der Osternacht steht er in der Spielautomatenhalle des Hauptbahnhofes, als sein Kumpel hereinstürzt und ihm ins Ohr schreit: Christus ist erstanden!

Christus ist erstanden. Was heißt das für einen spielsüchtigen jungen Mann, dessen Schulden sich inzwischen auf fünfzehntausend Mark belaufen? Was heißt das für ihn: Gnade, Erlösung, Heil? Und für die anderen, die sich zu dieser Stunde noch im Bahnhof aufhalten: die Penner, die Schwulen, die Alkoholiker, die Halbverrückten, die Ausreißer, die künstlich Verdreckten und die natürlich Verdreckten, die aggressiven Depressiven? Wenn das »Christus ist erstanden« nur für den humanistisch gebildeten Studienrat verständlich ist und nicht für diese Leute zu später Stunde im Bahnhof, dann muß das »Christus ist erstanden« halt übersetzt werden, damit es jedem verständlich wird. Schaffen das aber die Christen von heute oder wiederholen sie immer nur dieselbe unverständliche Formel? Auferstehung ist keine Zauberei, die im Menschen automatisch etwas durchsetzte.

Außerdem: Warum heißt es nicht, Christus steht auf? In der Gegenwart? Jetzt ist er dabei aufzuerstehen. Warum wird in der Vergangenheit geredet? Warum ist Theologie immer die nachträgliche Reflexion dessen, was passiert ist? Warum wird nicht Gegenstand der Theologie, was sich konkret abspielt?

Es spielt sich ab, daß ein Spieler spielt. Wie ist dem zu verdeutschen, daß Christus in seinem Leben auferstehen will? Wobei Auferstehung zunächst nicht heißen darf, daß er, der Süchtige, vom Spiel lassen muß. Sonst wären Christen ja Spielverderber. Würde das Leben selbst zum Spiel werden, dann gäbe es nur noch eine Sucht, die Sehnsucht, daß das nie aufhört das Leben und daß Auferstehung ist. Dann könnte man lassen vom haltlosen, hemmungslosen, todverfallenen Spiel. Dann könnte der Spieler erkennen, daß ihn zwar nicht der Teufel reitet, wohl aber der Teufel spielt, daß er selber des Teufels, des Todes Spielautomat geworden ist und der ist wahrhaftig doppelt so spielsüchtig wie er. Auferstehung als Antikrepiermaßnahme.

Jesus als Rolling Stone?
Mk 16, 1–8 für Jugendliche

Jesus als Rolling Stone? Als rollender Stein?
Wer hat den Stein ins Rollen gebracht, der vor seinem Grabe lag? Die Frauen sahen: er war weggewälzt. Dabei war er sehr groß, wie die Bibel zu berichten weiß. Den Frauen muß also ein Stein vom Herzen gefallen sein, als sie den Stein weggewälzt sahen.
Dennoch war es nicht der Stein der Weisen. Der Stein des Anstoßes vielleicht? Oder der Stein, aus dem man Feuer schlägt? Osterfeuer. Rolling Stone.
Ist es der Stein, den die Bauleute verworfen haben, der aber zum Eckstein wurde?
Eins, zwei, drei, vier Eckstein: Kinderspiele. Ostern.
In uns jedoch noch immer das steinerne Herz und nicht ein Herz von Fleisch und Blut. Denn immer wieder findet sich einer, der den ersten Stein wirft: einen Steinwurf weit einen anderen Menschen treffend. Achtung! Steinschlag! Doch ich, der ich im Glashaus sitze, sollte das nicht laut sagen. Es ist zum Steinerweichen.
Womit erschlug Kain seinen Bruder Abel auf dem Feld, wenn nicht mit einem Stein? Der Stein – die erste konventionelle Waffe der Menschheit. Steinzeit. Steinschlag. Steinernes Herz. Es ist zum Steinerbarmen. Würden wir das verschweigen, dann würden an unserer Statt die Steine schreien ...
Es wird mir ein Stein vom Herzen fallen, und du wirst bei mir einen Stein im Brett haben, Jesus, geliebter Rolling Stone, wenn du mir den Stein wegwälzt, der vor meinem Grabe liegt.

Der Stein, der uns vom Herzen fällt

Ostern fällt der Welt, so Kardinal Meisner in Köln, *der* Stein vom Herzen. Und er fügt hinzu: »Damals wie heute versuchen viele Menschen, Ostern rückgängig zu machen. Sie wälzen Steine auf den Osterglauben anderer Menschen und stellen oft noch Wachposten daneben, damit sie niemand wegwälzen kann ...

Der Auferstandene öffnet das Verschlossene. Nicht das Verschließen, sondern das Erschließen ist ein Kennzeichen.«

Bravo, Herr Kardinal, aber wenden Sie diese Erkenntnis bitte auch auf die derzeitige Kirche an. Auch Schweizer Gardisten sind Wachposten, und verschließt die Amtskirche nicht mehr, als daß sie erschließt? Die Kirchenunwilligkeit der Welt von heute, hat sie nicht recht solide kircheninterne Gründe? Draußen Religionsfreiheit einfordern und drinnen keine Freiheit zulassen, das ist der Wurf mit jenem Stein, der euch doch Ostern vom Herzen fiel. »Wer im Glashaus sitzt ...«, diese Wahrheit ficht euch nicht an, denn der Vatikan ist aus Stein, ist versteinert. Wir warten auf das Wunder, daß Jesus aus diesem Grab aufersteht!

Es fiele uns wirklich ein Stein vom Herzen.

Der Weg nach Emmaus
Zu Lk 24,13–35

Es ist gut, daß niemand weiß, wo Emmaus liegt.
60 Stadien von Jerusalem entfernt, sagen einige biblische
Handschriften, andere sprechen von 160 Stadien. Das ergibt einmal 11, ein ander Mal fast 30 km. So kommen drei
Dörfer von Jerusalem in Richtung Tel Aviv infrage.
Fragen wir darum nicht, wo liegt Emmaus, sondern, wie ist
der Weg beschaffen, der von Jerusalem nach Emmaus
führt. War er gefahrvoll, wie der von Jerusalem nach Jeri-
cho? Von Wegelagerern besetzt oder zelotischen Partisa-
nen, die gegen die Römer kämpften?
Wenn wir so fragen, dann darf man sagen, daß der Weg
nach Emmaus mitten durch unsere Großstädte führt. Und
die in ihrer Eleganz sterilen Villenviertel sind ebenso Weg
nach Emmaus wie das schmutzige Bahnhofsviertel, Drei-
Sterne-Restaurants ebenso Halt auf dem Weg nach Emmaus wie billige Schnellrestaurants.
Denn warum sollte die Auferstehung uns nicht gerade
dort einholen, wo sie die Jünger einholte, nämlich dort,
wo sie traurig waren?
Und sind nicht Drei-Sterne-Restaurants so unendlich traurig und Schnellrestaurants nicht so unendlich trist?
Wie unendlich traurig und unendlich allein, kann man
nicht in einem Luxusrestaurant sein, wo gleich vier Kell-
ner auf einmal dich umsorgen!
Jesus ließ sich jedenfalls mit seinen Jüngern zum Essen
nieder. Und es wäre zu einfach, jetzt zu sagen, er habe die
Luxusrestaurants vermieden und sei nur in den Frittenbu-
den und Burenwurststuben der Welt zu finden.
Vielleicht, – ist das ketzerisch? – haben die Leute im Luxusrestaurant ihn nötiger, weil auch sie unterwegs nach
Emmaus sind, aber nicht so genau wissen, wo es liegt. Vielleicht aber wissen gerade sie und nur sie, daß es in Luxusrestaurants nicht zu finden ist?

Alles ist so furchtbar richtig, dachte er und sah an den
Stuhlbeinen hoch. Doch plötzlich durchzuckte ihn die Gewißheit, daß der Boden, auf dem wir stehen, die Haut Gottes sei, und er schrie auf:

Du schönes Leben!

Das Herz am rechten Fleck
Für Hans Engbrocks

Du schönes Leben!, rief der Priester den Gläubigen zu.
Nein, er rief: »Erhebet die Herzen!«
Und alle Herzen flogen auf. Mit ihrem Hintern aber blie-
ben sie sitzen, die Christenmenschen.
Nun gibt es aber auch die Variante, nämlich, daß die
Leute, die man Christen nennt, mit dem Hintern zwar auf-
stehen, daß ihre Herzen aber dort bleiben, wo sie schon
immer waren. Schließlich werden ja diejenigen gerühmt,
die das Herz am rechten Fleck haben.
Dabei ist doch das erhobene, das aufgeflogene Herz das
richtige – das Herz, das keinen Platz mehr besetzt hält und
das von sich selbst nicht weiß, wo sein Fleck ist.

Das Leben zum Lachen bringen
Ein dreigliedriger Osterhymnus

Partner Gottes, laßt uns stehen,
redlich, aufrecht und stabil.
Heil und Fülle, Sinn und Glück
kommt als Botschaft, als Versprechen.
Zugesagt ist uns das Leben;
Sein Geschenk wird unsre Tat.
Partner Gottes, laßt uns stehen,
redlich, aufrecht und stabil.

Das Wort, das uns lebt, ist das Wort, das uns liebt.
Es ist der Gott, der mit uns spielt,
der Gott, der lächelt, der Gott, der singt.
Es ist der Gott, der das Leben zum Lachen bringt.

Fangt an zu strahlen, lächelt und lacht.
Denn unsere Freude trägt, unsere Hoffnung hat Kraft.
Christus, die Freude pulsiert.
Christus, der Glaube passiert.
Christus, die Treue geschieht.

Osterei und Osterhase
Das Brauchtum verstehen lernen

Was zum Kuckuck (oder was zur Henne und was zum Hasen) hat das Osterei mit der *Auferstehung Christi* zu tun? Eine dumme Frage, wie die, was eher war, die Henne oder das Ei? Nein, man muß wissen, daß vor der Einführung des Geldes die kleinen Leute ihre Pacht oder ihren Zins in Form von Eiern ablieferten. Die Eier, die zum baldigen Gebrauch bestimmt waren, machte man farblich kenntlich, und das war der Beginn unserer gefärbten Ostereier. Für die Fürsten fertigte man schon bald Ostereier aus kostbaren Materialien an. Im deutschen Osten, bei Polen, Slowaken und Russen bildete sich der Brauch heraus, die Ostereier mit christlichen Motiven zu verzieren. Das geschah nach festen Regeln, die bis heute unverändert sind.

Die spirituelle Deutung des Ostereis ließ nicht auf sich warten. So wie das Kücken von innen das Ei aufpickt, um ins Leben zu schlüpfen, so durchbricht Jesus die »Pelle« des Grabes, um zum Leben aufzuerstehen.

Und was hat der Hase mit der Auferstehung Christi zu tun? In der ausgehenden christlichen Antike deutete man den Hasen auf den Menschen überhaupt. Wird der Hase vom Hund verfolgt, dann flüchtet er stets die Abhänge hinauf und nie hinunter. Denn er hat kurze Vorderläufe, die bewirken, daß er abwärtsflüchtend vom Hund leicht eingeholt werden kann, nicht aber, wenn er nach oben flüchtet. Wenn der Mensch den Weg nach unten einschlägt, die schiefe Ebene, die abschüssige Bahn, dann wird er vom Bösen gepackt, schlägt er aber den steilen Pfad nach oben ein, den Pfad der Tugend, dann kann das Böse oder der Böse ihm so leicht nichts anhaben.

Noch aber ist nicht erklärt, wie der Hase in die Deutung der Auferstehung Christi gelangt. Nun, man glaubt, daß der Hase nie schlafe. Dieser Eindruck konnte entstehen, weil der Hase keine Augenlider hat. Zum Schlafen schiebt er die Pupillen nach oben. So wurde er zum Symbol für den Auferstandenen, der im Tod nicht entschläft.

»Du hast nichts anderes zu tun
als zu leben«

Verwische die Gegensätze nicht allzu schnell, indem du die versöhnte Verschiedenheit in der Einheit beschwörst. Dein Drang nach klugen Synthesen könnte sich als Harmoniesucht entpuppen. Leben und Tod sind nun einmal nicht dasselbe, nicht miteinander vermatscht wie ein Kompott aus verschiedenen Früchten. So auch nicht Hitze und Kälte, Freude und Leid, Ja und Nein.

Laß dich hier als Intellektuellen beschimpfen und dort als sanften Spinner belächeln. Zieh alle Register, die Bässe und die Schrilltöne deines Instrumentariums Körper. Er ist deine Orgel.

»Nichts fordern und nichts verweigern«,
»Weder anbeten noch verachten«,
»Widerstand und Ergebung«,
so lauteten die Wahlsprüche großer Meister oder Meisterinnen.

Bis du deine Synthese gefunden hast und also auch deinen Wahlspruch, halte dich an Intellekt und Emotion, Gebet und Aktion, Kampf und Kontemplation und weise ungerechtfertigte Vermischung zurück. Werde nicht mutlos. Denke daran, jede verweigerte Entscheidung führt zur Scheidung, auf jeden Anspruch erfolgt ein Widerspruch und Verheißung wurde an Verantwortung gebunden. Ist auch die Welt gottlos, so ist doch Gott nicht weltlos. Nur eine Sucht ist dir erlaubt:

Sehnsucht. »Du hast nichts anderes zu tun als zu leben.« Laß dich in dieser Maxime nicht beirren, auch wenn einige Leute sagen, daß das Leben die größte Krankheit sei, weil man sicher sei, daran zu sterben. Das Leben selbst wird dir das Leben nehmen. Du hast nichts anderes zu tun als zu leben.

Ich bin das Licht,
spricht der Herr,
ihr aber habt nicht gestrahlt.

Ich bin das Leben,
spricht der Herr,
ihr aber wolltet nicht neu geboren werden.

Ich bin die Tür,
spricht der Herr,
ihr aber wolltet nicht eintreten.

Ich bin das Brot,
spricht der Herr,
ihr aber hattet keinen Hunger.

Zärtlicher Glaube

Wir glauben an den Gott, der unsere Seelen
zum Beten verführte,
unseren Mund zum Lachen
und unsere Herzen zum Singen.
Dadurch formten sich unsere Lippen zum Kuß
und unsere Füße zum Tanz.
Unsere Seele rückte bis in die Fingerspitzen vor,
und diese entschlossen sich zur Liebkosung.
Unerhofftes Licht ringelte sich zum Glück,
das Morgenrot zum Menschenort.
Alle Ichs jubeln im Wir.

Ostern wächst und faltet sich aus –
in Himmelfahrt, in Pfingsten ...

Wir feiern heute Christi Himmelfahrt und sind eingeladen zu tun, was wir feiern.
Wie also steht es mit unserer Himmelfahrt?
Himmelfahrt ist doch nicht Jesus allein vorbehalten,
sondern nur die erste Verwirklichung dessen,
was uns allen einmal zuteilwerden soll.
In diese Bewegung nach oben sollen wir einsteigen,
unser alltägliches Leben soll nach oben gehoben werden.
Wie es der Priester macht mit dem Brot und dem Wein.

Die Hydraulik im Christentum

Habe wird zur Gabe. Gabe zur Aufgabe.
Haben wird durch Heben
zum Geben.
Heben. Aufheben, sich erheben.
Hinauf, hinauf ...

Ekstase
Zu Joh 5

Jesus ist außer sich,
ja, er ist außer sich, während wir
immer schön bei uns bleiben
und um uns selber kreisen wie Karussells.
Er ist außer sich, weil er seinen Schwerpunkt
außer sich hat: in seinem Vater.
Könnten wir doch in gesunder und heiliger
Selbstvergessenheit
etwas aus uns herausgehen, außer uns sein,
unseren Schwerpunkt suchen in ihm.
Das wäre praktische Himmelfahrt.

Trampolin Erde?

Diese Christen!
Sie kriegen kein Bein mehr
auf die Erde,
so sehr haben sie abgehoben,
so sehr schweben sie über allem.
Sie stehen fest mit beiden Beinen –
zwischen Erde und Himmel.
Oder ist die Erde für sie vielleicht –
ein Trampolin?

Vom himmelweiten Unterschied

Himmelfahrt,
darin liegt immer noch
und Gott sei Dank
ein himmelweiter Unterschied
zwischen dem, was wir uns vorstellen
und dem Nicht-Berechenbaren,
dem Nicht-Verfügbaren.

Himmelfahrt ist gut.
Es ist gut, daß es noch etwas gibt,
das nicht berechenbar
und nicht verfügbar ist.
Himmelfahrt sprengt
und ein himmelweiter Unterschied
tut sich auf.

Wenn ich in den Himmel komme ...

All die Leute,
die dazu beigetragen haben,
daß ich entstand,
all meine Vorfahren
seit Adam und Eva,
die möchte ich begrüßen,
wenn ich in den Himmel komme.

Himmelfahrt
oder Sursum corda

Himmelfahrt, die fängt dort an, wo ein Fußballer nach einem Treffer jubelnd die Hände nach oben reißt. Oder dort, wo man nach einer guten Nachricht einfach aufspringen muß. Wer bleibt einfach sitzen, wenn nach zehn Jahren die erste Liebe wieder ins Zimmer tritt oder der Zechgenosse von früher? Das ist eine Sorte von Himmelfahrt.

Wenn es nicht dort im gewöhnlichen Leben beginnt, das »Sursum corda«, das »Erhebet die Herzen«, dann muß ich zugeben, daß mich Himmelfahrt nicht sonderlich interessiert.

Ich stelle mir den Himmel so spannend vor wie Kino. Daß da vor uns allen der Film unseres Lebens abläuft: als Abenteuerfilm, als Liebesfilm, als Kriminalfilm und – nicht zu vergessen – als Kostümfilm.

Wir sehen nun den Film von jedem einzelnen und amüsieren uns köstlich dabei. Lachsalven werden den Himmel durchqueren.

Aber auch das wird ein Stück vom Himmel sein, daß sich niemand mehr vor dem anderen genieren muß. Ja, das ist ein ganz wichtiger Teil vom Himmel: niemand braucht sich mehr zu schämen.

Zum Himmel dürfte auch gehören, jetzt zu wissen, was aus mir geworden wäre, hätte ich damals das andere Mädchen geheiratet, hätte ich einen anderen Beruf ergriffen, wäre ich nicht in diese Sprache geboren.

Alles, was in mir gesteckt hat und nicht gelebt werden konnte, das darf ich dann leben.

Wäre das nicht in der Tat ein Himmel, der eine Himmelfahrt lohnend macht?

So etwas Ähnliches…

So etwas Ähnliches
wie der Geschmack von Wasser,
so etwas Ähnliches
wie das Licht am frühen Morgen,
so etwas Ähnliches
wie die Stille der Nacht,
so etwas Ähnliches
wie das Lachen geteilter Freundschaft,
so etwas Ähnliches
muß wohl Gott sein.

Himmlisch

Wann benutzt der Zeitgenosse das Wort Himmel? Zum Fluchen sicherlich. »Himmel, Arsch und Zwirn.« Oder wenn man sagt: »Da sei der Himmel vor«, als wäre der Himmel ein Verhütungsmittel. Dann selbstverständlich auch zur Klärung der Wetterlage, sowie beim Essen: »Himmlisch!« Und das nicht nur, wenn es zum Nachtisch Götterspeise gegeben hat. Zur Kennzeichnung paradiesischer Orte dann: »Das muß ein Stück vom Himmel sein ...«
Ist christliche Himmelfahrt folglich so abwegig?
Gewiß, sie liegt weit vom Weg ab, besonders von den Wegen, die wir gehen, aber ist sie deswegen abwegig?
Die Ankunft einer brüderlicheren Welt wird sie nicht durch unser jesuhaftes Himmelfahrtsunternehmen beschleunigt?
Himmelfahrt – nicht Himmelfahrtskommando.
Ach, wär's nur klitzeklein, das Stück vom Himmel, unsere Götterspeise!

Bei schwieriger Seilschaft

Wenn es wahr ist, daß in schwieriger Hanglage der Blick nach unten Schwindel verursacht,
der Blick nach oben hingegen Weiterkommen ermöglicht,
dann, Christen, blickt weiter nach oben,
denn die Hanglage ist wieder mal bedenklich schräg!

Weißt du, wo der Himmel ist?

Verse für Kinder nach einem Thema von Wilhelm Willms

Willst du mit zum Himmel fliegen,
siehst die Welt dort unten liegen,
denkst, sie ist ein Jammertal,
doch hier oben endet jede Qual.

Willst du mit zum Himmel fliegen
und dich auf den Wolken wiegen?
Willst du Gott, den Herrn, belauschen
und mit ihm Gedanken tauschen?

Wer sagt, der Himmel ist oben,
der hat gelogen!
Der Himmel, der ist überall,
auf dem Berge und im Tal,
er ist auch an der großen See
und im Gebirge bei dem Schnee.

Weißt du, wo der Himmel ist?
Nicht so weit im Norden!
Wenn bei Menschen Liebe ist,
ist er nicht verborgen.

Willst du mit zum Himmel fliegen,
mußt das Böse du besiegen,
mußt den Menschen Freude bringen,
daß sie quietschen vor Vergnügen.

Der Himmel ist überall auf Erden,
wo Menschen Freunde werden.

Weißt du, wo der Himmel ist?
Du brauchst nicht weit zu gehn,
der Himmel, der ist überall,
wo Menschen sich verstehn.

Weißt du, wo der Himmel ist?
Nicht wo die Vögel fliegen,
wo Verstehn und Liebe ist,
muß der Himmel liegen.

Wer sagt, der Himmel ist oben,
der hat gelogen!
Der Himmel ist überall auf Erden,
wo Menschen Freunde werden.

Über die Geistesgegenwart von offensichtlich Geistesgestörten

Wenn das schon so durcheinandergeht mit Geist und Vernunft, Vernunft und Verstand, praktischer Vernunft und theoretischer Vernunft, dann brauchen wir uns über die Ratlosigkeit beim Heiligen Geist wahrlich nicht zu wundern. Wundern muß man sich eher, daß trotz des intellektuellen Notstands im Lande diese Weltenstunde noch nicht zu einer Geisterstunde geworden ist.
Denn wäre man nicht sowieso schon von allen guten Geistern verlassen, man wäre versucht, den Geist aufzugeben. Denn geistesgestört sind wir ganz bestimmt, aber vielleicht doch noch so geistesgegenwärtig, den Heiligen Geist anzurufen?

Über den Heiligen Geist

Eine regelrechte Schwarz-Weiß-Malerei

Der Heilige Geist: Was ist das überhaupt?
Oder besser: Wer ist das?
Haste den vielleicht schon mal gesehn?
Nee? Also gibt es den auch nicht!
Es muß ihn aber geben!
Wieso?
Weil das Gegenteil von ihm, böser Geist, so gehäuft auf-
tritt. Es genügt, abends die Tagesschau anzustellen. Da
wird einem vorgeführt und illustriert, was böser Geist bewirkt.
Und nun schließe ich: Wenn das Gegenteil einer Sache so
unübersehbar stark auftritt, so gehäuft vorkommt, dann
muß es die Sache selbst doch auch geben.
Primitiv gesagt: Wenn Schwarz in solcher Häufung auftritt, dann muß es auch Weiß geben, wenn Nacht sich so
zusammenballt, setzt das den Tag voraus, wenn Trauer
uns so niederdrückt, richtet uns Freude auf.
Tritt also böser Geist in solcher Häufung auf, dann gibt es
auch den guten Geist, oder hat hier erstmals eine Sache
kein Gegenteil?
Das ist gerade das Böse am Bösen, daß es sich als gut aus-
gibt. Und wer ist schon aus reiner Bosheit böse? Böses um
seiner selbst willen geschieht selten – und auch das weist
auf das Gute hin.
Folglich wollen wir den guten Geist feiern und Pfingsten
halten.

Nur tief genug hinabsteigen
Zu Röm 8,22–27

Der Heilige Geist seufzt in uns,
er betet in uns.
Wir brauchen also selbst nicht mehr zu beten
(vor allem die Gebete nicht,
die Gott verändern wollen – nach unserem Bild).
Wir brauchen nur tief genug in uns hinabzusteigen,
um das Gebet zu finden,
das Gott selbst in uns spricht.

Bitten, frei von Kitschverdacht

Geist Gottes, Geist Jesu, nicht daß du uns verzaubern
sollst, erbitten wir, nicht daß du uns mit Glanz überstrah-
len sollst, ersehnen wir, obwohl wir schon ganz gerne von
Glück überrieselt wären. Nein, daß du uns vereinfachst,
ist unsere Bitte.
Einfach zu werden wie Kinder, die zulassen, daß man sie
liebt. Denn unsere geheime Tragik ist doch, daß wir es
nicht ertragen, geliebt zu werden. Ließen wir dies nur wieder zu, dann wäre es überhaupt nicht kitschig zu sagen,
daß aus Schönheit Zärtlichkeit wird und aus Zärtlichkeit
Wahrheit.

Allegro con spirito – Heiter mit Geist

»*Pfingsten*, das liebliche Fest war gekommen. Es grünten und blühten Feld und Wald. Auf Hügeln und Höhen, in Büschen und Hecken übten ein fröhliches Lied die neu ermunterten Vögel, jede Wiese sproßte von Blumen in duftenden Gründen, festlich heiter glänzte der Himmel und farbig die Erde.«
So läßt Goethe die zwölf Gesänge seiner im griechischen Versmaß des Hexameter gefaßten Fabeldichtung »Reineke Fuchs« beginnen.

> Geistvolle Grazie,
> galante Einfälle,
> sinnliche Schönheit,

wirklich, Pfingsten ist ein liebliches Fest. Das Allegro con spirito santo wird da aufgeführt – das heitere Spiel mit dem Heiligen Geist.

Der Weg vom Ich
über das Du zum Wir

Dreifaltigkeit

Wir begehen heute den Dreifaltigkeitssonntag.
Er ist begehbar.
Man bricht nicht ein bei der Frage,
wer oder was das nun eigentlich sei
die allerheiligste Dreifaltigkeit.
Obwohl die Frage Einfältigkeit verrät.
Das eben ist es: Unsere *Ein*fältigkeit
schreit nach Gottes *Drei*faltigkeit.
Wahrer ist indes:
unsere *Zwei*deutigkeit
schreit nach Gottes Dreifaltigkeit.

Dreifaltig besser als
gevierteilt,
besser als zweideutig
und besser auch als
einfältig.
Dreifaltigkeit.

Heiserer Gesang zu Ehren
der allerheiligsten Dreifaltigkeit

Widersprüche und Gegensätze, die nicht aufzulösen, Dualismen, Polaritäten, die unüberwindbar sind und nicht aufeinander zu vermitteln, wie der Südpol nicht auf den Nordpol, davon ist sie voll unsere Welt.

Aus Zweipoligkeiten wie Tag und Nacht, Licht und Finsternis werden oft Zwielichtigkeiten, Zweideutigkeiten und dann schließlich Zwiespalt und Zwei-fel.

So wie sich die Polarität von links und rechts nicht aufheben läßt, so wohl auch nicht die von Geborenwerden und Sterben, von Sein oder Nicht-Sein, von Drinnen und Draußen, von Offen und Verschlossen, von Hier und Dort, von Mann-Sein und Frau-Sein, Feuer und Wasser, Hund und Katze, Fleisch und Fisch, Liebe und Haß, Natur und Kultur, möglich und unmöglich, bewußt und unbewußt, wahr und falsch, gut und böse.

O ja, es gibt schon den Verschnitt, die Mischung von Schwarz und Weiß in Grau, von Gelb und Blau in Grün, von Warm und Kalt in Lauwarm. Doch der Gegensatz von Herr und Sklave, Grundbesitzer und Leibeigenem, Adligem und Bürgerlichem, Fabrikherr und Arbeiter, – der Gegensatz von hochtechnisiert und unterentwickelt, ist der je aufgelöst worden?

Gottlob, es gibt einen Tarifvertrag zwischen Arbeitgebern und Arbeitnehmern, aber gibt es wirklich einen dritten Weg zwischen Kommunismus und Kapitalismus? Zwischen Christentum und Marxismus? Zwischen Christentum und Atheismus? Zwischen Militarismus und Pazifismus? Zwischen Monarchie und Demokratie? Zwischen Mehrheit und Minderheit? Zwischen Eingesessenen und Neuankömmlingen? Einheimischen und Zugereisten?

Natürlich läßt sich ein Berg in ein Tal schütten, wie Erde in einen Teich, – aber wird da nicht zugeschüttet? Bleibt mein Arzt nicht immer mein Arzt und ich der Patient? Bleibe ich vor dem Priester nicht immer der Laie, wie ich vor irgendeinem Fachmann der Laie bin? Bleibe ich vor dem Lehrer nicht immer der Schüler, so partnerschaftlich der sich auch geben mag? Sein Wissensvorsprung bleibt.

Ja, vermutlich bleibt ein Unterschied zwischen Mehr und Weniger und nicht mehr und nicht weniger, zwischen Absolutem und Relativem, zwischen Wort und Tat, Leib und Seele, Geist und Materie, Subjekt und Objekt, Theorie und Praxis, Glaube und Religion, Rational und Irrational, Rational und Emotional, Eros und Intellekt, Intellekt und Instinkt.
Freude und Lust sind offenbar nicht dasselbe, wie Hingabe und Preisgabe nicht dasselbe sind, Anpassung und Angleichung, Freiheit und Eigenwilligkeit.
Gewiß, es gibt Leute, die zwischen Ja und Nein ein entschiedenes Vielleicht anmelden. Von denen, die statt Liebe, Lust und Leidenschaft nur fressen, ficken, fernsehen als Dreifaltigkeit kennen, gar nicht zu reden! Vielmehr doch, – man muß von ihnen reden, diesen Bigamisten und Leuten von der Großen Koalition. Ohne Scham sind sie und ohne Stolz. In ihrem Wischi-waschi kann man Altrebell und Jungkonservativer zugleich sein, Täter und Opfer zugleich sein, Opfer und Henker auch, sowie keusch und verhurt und fromm und verrucht.
Keusch und verhurt zugleich ist immer noch besser als genügsam und gehorsam, ordnungsliebend und fleißig, kleinkrämerisch und pedantisch, oder?
Vielleicht sind die Gegensätze untergründig miteinander verbunden und nur Tiefsinn und Tiefblick nehmen diese Verbindung als solche auch wahr, – wir aber, die wir stumpf und stur sind, starr und statisch, aufgeregt und böse, mittelmäßig und dumm – Bosheit und Dummheit sind ein Grundsatzpaar! – erkennen diese untergründige Verbindung gar nicht.
Kurzum: unsere Einfalt schreit nach Dreifalt, schreit nach Dreifaltigkeit und die Zweipoligkeit von Dummheit und Bosheit braucht diese Dreifaltigkeit. Und was, in drei Teufels Namen, ist diese Dreifaltigkeit? Dreifaltigkeit als Vater, Sohn und Heiliger Geist, – als Glaube, Hoffnung, Liebe.

Dreifaltigkeit aber auch als Freiheit, Gleichheit, Brüder-
lichkeit, als These, Antithese, Synthese. Sogar als Ich, Es,
Überich.
Dreifaltigkeit als der Weg vom Ich über das Du zum Wir.
Als Gott, Frau und Mann. Als Vater, Mutter und Kind. Als
Skeptiker, Realist und Idealist.

Dreifaltigkeit als Stein, Pflanze, Tier,
          Klang, Duft und Hauch,
          Wasser, Licht und Salz.

      Als Getreide, Öl und Wein,
      als Korn, Butter, Brennholz,
      als Erkenntnis, Deutung, Sinn,
          Erfindung, Entdeckung, Erschaffung.

Dreifaltigkeit als Vergangenheit, Zukunft und Gegenwart,
          als Zuwendung, Zusage, Zukunft,
          als Länge, Breite, Höhe,
          als Linie, Fläche, Raum,
          als Melodie, Rhythmus, Harmonie.

Dreifaltigkeit als Gefühl, Verstand und Wille,
          als Denken, Fühlen, Wollen,
          als Liebe, Lust und Leidenschaft,
          als das Schöpferische, das Erfinderische,
              das Neue, als Beflügelung, Begeisterung,
              Beseelung.

Dreifaltigkeit aber auch als Gebet, Studie und Gute
              Werke,
          als Ekstase, Versenkung und Leistung.

Warum nicht Dreifaltigkeit als Dschungel, Arktis, Wüste?
          Als Trauer, Sehnsucht, Rebellion und als
          Abenteuerlichkeit, Unerschrockenheit und
          Verwegenheit.

Dreifaltigkeit als Verträglichkeit, Freiherzigkeit, Unbe-
kümmertheit. Dreifaltigkeit als Offenheit, Ehrlichkeit,
Verletzbarkeit. Unsere Zweideutigkeit schreit nach Dreifaltigkeit. Amen.

Wegführungen zur Dreifaltigkeit
Zu Eph 4,5

»Ein Herr, ein Glaube, eine Taufe ...«
Gewiß: EIN Glaube,
aber es gibt gewiß – Gott sei Dank! ZWEIfel,
die aufgehoben werden können in
DREIfaltigkeit.

Dreifaltigkeit als Weg-führung
von der Einheit als Einfältigkeit
über den Zweifel
zur Einheit als – eben Dreifaltigkeit.
Dreifaltigkeit als Weg
vom Ich über das Du zum Wir.
Und Heilige Dreifaltigkeit wegen der
unheiligen Dreifaltigkeit von Vergnügen, Besitz
und Macht.

Ich, Du, Wir,
Vater, Mutter, Kind.
Ein frömmelnd-naive Dreifaltigkeit?
Lassen wir es also bei einer frommen Dreifaltigkeit:
der von Sich-beschenkt-Fühlen,
Dankbar-sein-Dürfen, Großzügig-sein-Können.

Denn einen von Dankbarkeit satten Menschen
werfen keine Zweifel um.
Er findet die Kraft zum Dreierschritt.

Das absolute Zwischen
Dreifaltigkeit für Jugendliche

Feinheit, Festlichkeit, Feierlichkeit,
Beständigkeit, Hingabe, Ernst,
Sammlung, Vertiefung, Zurückhaltung,
Übersinnlichkeit, Unendlichkeit, Unerfüllbarkeit!

Ernst, Wille, Vernunft,
Ordnung, Rationalität, Disziplin,
Klarheit, Exaktheit, Rechtwinkligkeit,
Zentralismus, Legalismus, Uniformismus,
Produktion, Distribution, Rezeption,
Erwerb, Besitz, Genuß,
Kinder, Küche, Karriere, Berufung, Beruf, Job,
Mitläufer, Mitwisser, Mittäter, Nerven, Technik, Taktik,
Halbwahrheiten, Unterstellungen, Verdrehungen,
Windmacher, Traumtänzer, Schnellschützen,
Pestizide, Insektizide, Herbizide,
Unrat, Exkremente, Dummheit,
Belehrung, Zurechtweisung, Warnung, Haß, Hetze, Häme,
Marschbereitschaft, Gefechtsbereitschaft,
klar zum Gefecht,
Blut, Schweiß, Tränen, Lechz, Geifer, Geil.

Sachen und Tatsachen. Widerstand und Ergebung.
Revolte und Verweigerung. Anpassung und Auflehnung.
Routine und Kaltblütigkeit. Zorn und Rache.
Zynismus und Übermut. Melancholie und Ironie.
»Nur zwei Dinge,
die Leere und das gezeichnete Ich«.

Geborenwerden, Leben, Tod,
Unruhe, Beschleunigung, Geschwindigkeit,
Schönheit, Trauer, Tod, muß man?, darf man?, soll man?,
Körper, Seele, Geist, besinnlich, sinnlich, besinnungslos.
Weite, Höhe, Tiefe,
Luft, Erde, Wasser, das Feuer nachgereicht.

Gott und die Welt, der Teufel und das Wetter
nachgereicht.
Sodenn: Gott, der Teufel, das Wetter und die Welt!

Nein! Nur zwei Dinge!
Unschuld und Perversion, Keuschheit und Geilheit.
Das Rohe und das Gekochte.
Das Schnelle und das Langsame.
Das Neue und das Alte.
Das Ungesagte und das Unaussprechliche.

Nach dem Verbindenden wird gesucht,
nach Ver-bind-lichkeit.
Nach dem absoluten Zwischen,
nach Dreifaltigkeit.

Dreifaltigkeit

Daß ich mich also nicht in mein armseliges Ich verkrieche, noch in Ehe oder Freundschaft den Egoismus zu zweit aufmache, sondern das Wir anvisiere.
Denn auch Gott ist nicht allein.
Gott ist, Gott lebt von vornherein Beziehung der Liebe, Liebesbeziehung. Er ist in sich selbst bereits Gemeinschaft: Vater, Sohn und Geist.
So wie ein Kleeblatt drei Blätter hat und doch ein einziges Blatt ist, so wie ein Raum Länge, Breite und Höhe hat und doch ein einziger Raum ist, so ist Gott der Weg vom Ich über das Du zum Wir: Vater, Sohn und Geist.
Seither heißt das Evangelium leben, in Gemeinschaft leben. Christsein realisiert sich nicht zufälligerweise, sondern konsequenterweise in Gemeinde, in Gemeinschaft.
Ich verkrieche mich also nicht in mein armseliges Ich, sondern aus einem in sich selbst eingesperrten Wesen werde ich zu einem Menschen der Kommunion und der Kommunikation.
Nicht allein, daß ich Gott suche, ich biete zugleich die Bereitschaft auf, mich von ihm finden zu lassen.
Dreifaltigkeit als der Weg vom Ich über das Du zum Wir.
Im Gott-begreifen-Wollen also ein Stück meiner eigenen Menschwerdung.